再一次長大

目錄

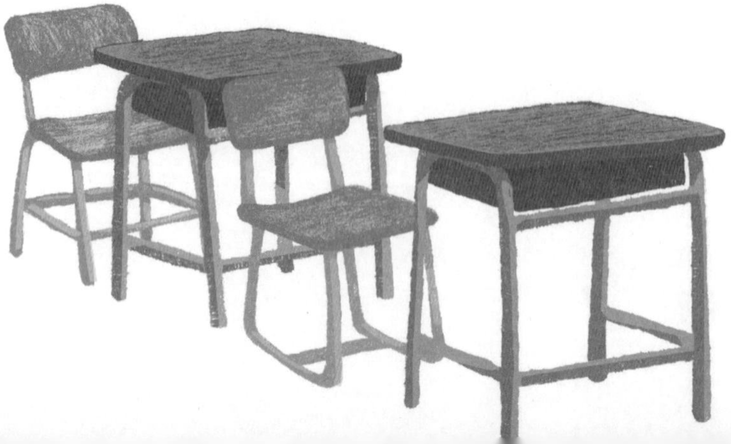

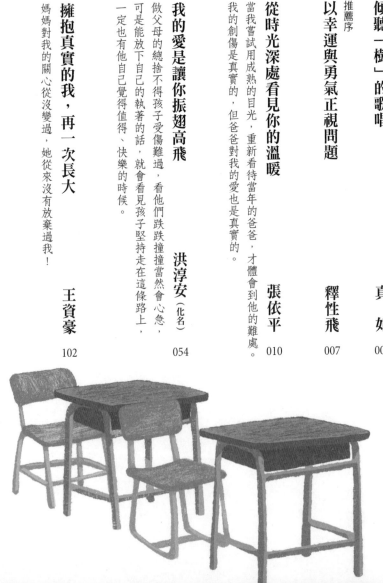

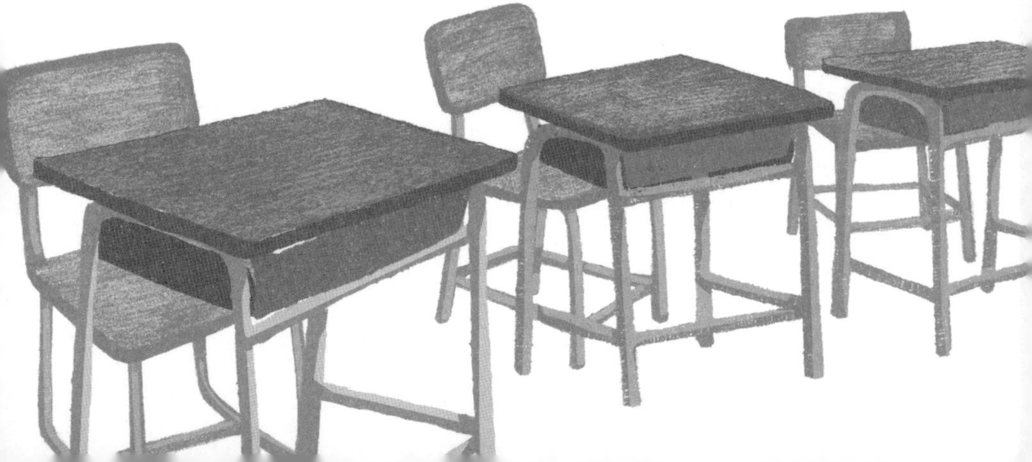

出版序

傾聽「樹」的歌唱

真如

　　在靜謐的樹林中，抬頭仰望著一棵棵樹，適時正有清風徐徐拂來，似乎所有的樹葉都在沙沙振響，那一刻的心湖明靜而柔軟，好像要對藍天輕語著什麼……

　　陽光，正把它的熱情和光明，透過葉子灑下來，每一片葉子的形狀、葉脈、都在碧藍的陪襯下清晰呈現。我不禁常常驚歎是怎樣的神祕之手，雕刻了這精彩紛呈的美麗。每一棵樹都那般風姿獨具，幾多蓬勃，幾許可人。可是它們在大片的森林裡，有幾人能走近欣賞觀看，那每一片樹葉在風中雨中繁華與凋零，陽光月下怒吼與淺唱。看那楓樹，在北國寒意漸濃之時，正是它們盡顯生命的璀璨之際。每每值此，欲將珍貴美景寄與天下人共享。

每個人生命中，最細緻、最燦爛的那個部份，也許只有他自己，或是跟他親近的人才知道。他們，就像一棵樹，蒼勁地散發堅強的氣息。他們在受傷之後，森林悄悄收藏了他們的哀哭與無奈，他們努力地尋覓著生存的堅韌之力，經歷多少頑強的內心之戰，終於小心翼翼地把傷痕復原，從再次地枝繁葉茂到令人驚歎！他們迎接了生命的大風暴，在幾度摧殘中毅然璀璨綻放！像一棵樹般，他們謙虛地對整個森林釋放著愛與奉獻的信息，以個體生命的強悍溫熱著整體。

一棵桂花樹的淡淡清香，也許會觸碰到你靈魂深處的甜美的寧靜。

究竟，他們曾經歷怎樣的風霜雨雪？那美麗的深藏於年輪中的精彩記憶，在何樣的陽光下開始優美昇華？在怎樣的鏡湖中看清了自己的模樣？是什麼喚醒了他們心中的巨人之力，將沉睡的荒原，開放為直到天際的鬱鬱森林與燦燦樹花？

有人願傾聽這每一棵樹的哭聲與吟唱嗎？

我真摯地邀請所有的人，和我一起凝視這些精彩的心吧！這些在苦痛中掙扎著，終於開出燦爛心花的勇敢的人們，他們動人的身影，就和你我一樣，行進在這個世上。可能，讀這本書，就像人生中的一次深情回眸。注視到了那個和我一起經歷過人世的風雨、經歷過人世災難洗禮的同伴，他是如何精彩地活著，而他的精彩，到底有怎樣細緻的輪廓、顏色、形狀？這精彩是如何發生的？親愛的讀者，你不想欣賞嗎？

就像我看到的一樹美景，在很多年前，有了一種想把它獻給大家的心情。它，終於出現了。所以，為這些精彩的心隨喜，並加油吧！也為你自己的美麗、為你自己的勇悍、為你自己的不屈，為你自己的善良喝采吧！

因為我們同行！

寫在二〇一八年，亮點書系開啟時

推薦序

以幸運與勇氣正視問題

釋性飛

明末四大師之一的憨山大師，在《夢遊集》曾提到一段他過往的親身經歷：

「余昔遊塞上，同健兒乘馬夜行。道傍一石，馬忽見而大驚，幾墮地。爾乃頓轡，奮力鞭策，繞石周行數十匝，仍引熟視良久，方縱逸而去，馬自是遇物皆不驚。余因是知道，人游生死險道，歷境驗心，必如是而後已。策馬繞石，令其熟視，直至不疑不驚而後已。」

人在生命的歷程中，總會留下許多喜怒哀樂經歷，影響著自己的一生。對於負面的經驗，有些人沉迷3C之中，有些人忙於工作逃避，有些人選擇責怪他人，有些人則在宗教信仰上尋求一種寄託與慰藉。

但無論如何，這些陰影始終在心底揮之不去。

一般人大都像真如老師在《廣海明月》中提到的，「如果你去看我們的行為的話，有的人做一件事失敗了，之後他就覺得他這一生都失敗了。不知道為什麼他複製的東西是那種重複性失敗的東西？」就此度過一生，讓陰影繼續成為無限生命的課題。

反之，不論如杯弓蛇影之喻，或如憨山大師所說：「策馬繞石，令其熟視，直至不疑不驚而後已。馬自是遇物皆不驚。」不是滯留於過去，而是正視問題，加深自身的愛與智慧的理解，這才能真正得到生命的昇華與解脫，然而這又需要有何等的勇氣，又要有何等的幸運！

故事中的幾位主角，就有著這樣無比的幸運與勇氣，正如真如老師在亮點書系出版序中寫到的，在遇到師友的引導與陪伴下，得以將「那美麗的深藏於年輪中的精彩記憶，在陽光下開始優美昇華。在鏡湖中看清了自己的模樣，喚醒了他們心中的巨人之力，將沉睡的荒原，開放為直到天際的鬱鬱森林與燦燦樹花。」用愛與智慧穿越生命的困境。

在這學習的路上，邀請大家一起凝視，也與他們同行。

從時光深處看見你的溫暖

張依平

文／江鈙慈

有些人心中的美好，需要細細地品很久才能品出來，因為可能他不會或不願表達自己，可能他顯現出來的都只是他的弱點。如何真正地認識一個人，其實不是一件容易的事情，有時要花很長的時間，才能品味到他人心中的精美。

《希望・新生》四季法語40

習慣悲觀，朝著壞的方向想事情，沒有察覺自己內心的變化，
就會任由孤獨、悲傷與憤怒跟著自己長大。

今天的霧未免也太濃了，我摘下眼鏡擦了又擦，依舊看不清楚前方的山路，我扶著山壁，一步一步小心地走著；身處霧氣濃重的山間，踩在濕滑的步道上，一個不小心整個人就像球一樣滾下山了。

「不該選今天來健行的！」我懊惱地想著，可是都已經走了那麼久，現在放棄太可惜了。我咬著牙繼續向上爬，走了不知道多久，總算看見一塊指示牌，大大寫著——距離山頂500公尺。

終於啊！我鬆了一口氣，只要再500公尺就結束了！

懷著期盼的心情向上攀爬，沉重的小腿卻拖慢了腳步，眼看著就要登頂了，我卻突然意識到雙腿嚴重痠疼，光是要抬起腳來再邁一階，都覺得十分困難。為什麼呢？我忍不住停下來，氣喘吁吁地望向前方，卻被瀰漫的濃霧遮住了雙眼，什麼都看不見。

明明就快抵達了，為什麼走起來那麼難呢？

當天晚上我恍若歷劫歸來，洗完澡才感到舒緩一些。我躺在床上滑著

手機，享受著睡前的悠閒時刻，猛然想起——今天的功課還沒完成。

望著天花板猶豫半晌，我嘆了口氣，打開手機看著那個熟悉的稱呼，遲遲無法按下通話鍵，下午的沉重感彷彿再度襲來。我深呼吸了幾次，鼓起勇氣撥出電話。

「喂？」一如往常，話筒那頭是淡漠地聽不出情緒的聲音。

「爸，沒事啦，我只是想打個電話給您，看您好不好而已。」

「不就這樣啊，哪有什麼好不好？」爸爸的語氣多了一絲不耐，「還有什麼事？」

爸爸的反應讓我有些慌亂，「喔就是……那個……啊對了——」我支支吾吾了許久，正想到提醒爸爸明天降溫，要注意保暖，電話卻已被切斷。手機顯示著剛剛的通話紀錄，27秒。

跟爸爸連一通電話都講不到半分鐘，這是誰的問題呢？我看向窗外的黑夜，一股熟悉的委屈與空洞感從心中湧出，雖然記得老師的提醒：「你們已經這樣互動很久了，關係解凍本來就不容易。」我想到多年以來對親情的渴求、跟爸爸針鋒相對的場景，以及媽媽離去前最後的叮嚀，一切一切，都像墨黑的夜色一般，將我吞沒。

我似乎又回到充滿濃霧的半山路上，這一次，不知道怎麼才能走到終點。

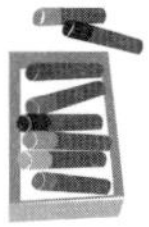

「平平啊，這是前面，這是後面，記住了嗎？」媽媽仔細地幫我把穿反的衣服重新穿好，一邊叮嚀。

才五歲的我似懂非懂，同時也有點賴皮，媽媽說好多次了，我還是學不會，每次只要是自己穿衣服，就一定會穿反。但有什麼關係呢？反正媽媽念歸念，每次都會幫我摺好、穿好。

我需要媽媽的時候，她都會在，至少五歲以前，我都是這麼認為。

我來自一個三代同堂的大家庭，除了我們一家三口，爺爺、奶奶、叔叔、姑姑都住在一起，爸爸是長子，只生了我一個女兒，我的叔叔姑姑晚婚晚育，所以童年時，家裡只有我一個小孩。

雖然如此，我們一大家子加起來還是快十個人，可想而知有多熱鬧。但是我家的「熱鬧」一點都不值得羨慕，在我幼時的回憶中，我們家三天兩頭都在吵架、對罵，有時候還會動起手來。

就算大人的爭執不曾波及到我，但那場面看在五歲的小孩眼裡，多麼令人害怕，加上沒有同齡的孩子作伴，所以我總是躲在房間角落，避開那些尖銳的對罵，一個人靜靜地玩遊戲、看圖書。

我唯一的玩伴就是殷勤照顧我的媽媽。

我是早產兒，小時候身體孱弱，媽媽把全副心力都放在我身上，不

關係解凍本來就不容易，要留意累積在心底的怨氣，
和對對方的不信任。

分晝夜地照顧我，等到我稍大一點，身體也健康起來，媽媽會陪我玩，還會唱歌給我聽。說實在的，我已經記不得媽媽的歌聲了，但她陪伴在我身邊，那種胸口脹滿的幸福感，我不曾忘過。

媽媽娘家人個性都很平和溫厚，她也是如此，這樣的她嫁到大家族裡來，看到夫家家人為了家族生意發生劇烈的爭吵，內心該有多麼震撼。就算在這樣的人家，媽媽不用為金錢煩惱，婆媳和妯娌間的摩擦仍少不了。尤其媽媽作為長媳，背負著生男孩的壓力，結果卻生了個早產虛弱的女兒，讓她在家中的處境變得更艱難，三不五時被長輩言語奚落，逢年過節更是催著媽媽生第二胎。

媽媽也會向爸爸吐苦水、尋求他的協助跟支持，爸爸卻總是要媽媽「算了」，甚至當媽媽承受長輩無理的指責時，爸爸始終沉默不曾為媽媽出頭。

媽媽因此常和爸爸起口角。小時候我們三個人睡在同一張床上，我假

裝睡著，耳裡聽見爸爸媽媽的爭吵聲，還有——媽媽轉過身背對著我，壓抑偷偷哭泣的嗚咽聲。

不知道為什麼，回憶中與媽媽的互動，穿衣服這件稀鬆平常的小事，最令我印象最深刻：我從小就比同齡的小孩成熟，很多事情，我不需要父母幫忙，自己就可以做得很好。但我穿衣服總是會穿反，不是前後顛倒、就是內外相反，不管教幾次都改不過來，讓媽媽很頭痛。

「平平啊，衣服要穿好呀。」這次媽媽為我整理好衣服後，她突然就說要教我摺衣服；我那時候懵懵懂懂的，聽出來媽媽的聲音跟平時不太一樣，卻又說不出哪裡奇怪。

「穿衣服時要前面對前面，後面對後面，要記得。」媽媽摺好衣服，抬起頭來，深深地望著我：「以後妳要自己穿衣服、摺衣服了，不要再弄反了喔。」說完這句話，媽媽就擺擺手，要我出去，我順從地轉頭離開，但不知怎地又在房門口回過頭來，媽媽仍看著我，那是我從未見過，且再也忘不了的表情。

隔天，媽媽就消失了，從此在這個嘈雜擁擠的家中，我變成了真正的獨自一人。

媽媽離開後，我並沒有大哭大鬧、吵著要找媽媽，很自然地就接受了這件事，從此以後，我一樣乖乖看書、自己跟自己玩，但我再也不曾穿錯衣服了。

一個小孩子面對媽媽突然離家，竟然可以如此平靜，家裡的長輩們為此稱讚我、說我很乖，我卻一點也高興不起來。

爸爸跟媽媽離婚後變得更沉默了；不只是對我，他跟其他家人也很少溝通，整日埋首在自己的工作中，彷彿這個家的一切——吵鬧、紛擾，以及單獨待在角落的女兒，都與他無關。

這樣的爸爸讓我感到憤怒，我不知道該如何表達，但在小小的我心中，卻開始衍生出一種由孤獨轉化而成的怨氣。「都是因為你，媽媽才會離開我。」等我察覺到的時候，這個想法已經在心中根深蒂固了。

我就這樣度過了童年最後的時光，後來上了小學，可能是因為從小累積了大量閱讀的習慣，以及為了填補媽媽離開後的空虛感，我很認真面對學校的課業，也獲得了不錯的成績，時常當選班上的模範生，深受老師的喜愛。

現在回想，其實從那個時候我心底的怨氣就開始累積了，我的安靜、溫和和內向，在老師看起來是乖巧懂事，實際上是一種孤僻；從小目睹家中爭吵不斷、父母失和離婚，讓我對這個世界充滿了不信任，慢慢地思想也越來越負面、偏執。

無論是父母還是孩子，
我們都在一次次的相處中學習成長。

記得成長過程中同學曾提醒我說，我的思考方式過於悲觀，總朝著壞的方向想事情，可惜當時的我並沒有發現自己內心的變化，而是任由孤獨、悲傷與憤怒跟著自己長大。

準備上國中時，爸爸決定搬家，毅然決然帶我離開彰化的大家庭、搬到台中，就為了讓我念台中的名校曉明女中，私立女中並不好考，就算我成績優秀，爸爸還是要我去補習，我也溫順地接受了。有好長一段時間，我都過著上學、補習、回家、睡覺……不斷循環的日子，連吃飯都是自己買便當回家一個人吃，而爸爸忙於工作，往往都是我準備睡覺時，才會聽見他開門回來的聲音。

雖然生活更加寂寞，但能夠搬離那個吵吵鬧鬧的家，擺脫複雜的親戚關係，到另一個地方重新開始，我心裡是很開心的。所以拚了命地念書，終於如願考上曉明女中。

爸爸知道我被錄取的時候，沒說什麼讚美的話，但他臉上壓抑不住的驕傲和喜悅仍感染了我。

這是第一次，我們父女倆為了同一件事情高興。

可是等我進入曉明女中就讀，又感到不快樂了，對於城市學校的不適應，和班上同學家境的差異，都讓我感到自卑。

我印象最深刻的是，音樂課老師問班上同學：「誰會彈鋼琴？」幾乎全班都舉了手。此外班上的同學不是常出國、就是念雙語學校長大的，相較於我升上國中後才開始學英文，種種課業和生活上的壓力，使我漸漸沉默。

但這一切都比不上聽到同學談論她們美好的家庭生活更令我難受，我不嫉妒同學暑假能出國玩，卻羨慕她們的爸爸媽媽都還在一起，擁有兄弟姐妹，下課回家後全家能同桌吃飯。

我從未感覺自己是如此的孤獨。我真的太想要有人陪了，於是我明知家裡會反對，還是在上高中後，就談起了戀愛。那是我第一次感覺到自己是被在乎、被疼愛的，下課後有人陪我說話、陪我吃飯，滿足我所有期待。

爸爸沒多久就發現了，難以接受，總是看不到人的爸爸，週末突然在家，說要找我談談。

我還記得那是十一月的深秋，一個再普通不過的微涼夜，爸爸劈頭就問我：「妳是不是交男朋友了？」

我理直氣壯地回道：「對啊，那又怎樣？」

看到我的態度，爸爸不可思議地說：「什麼叫那又怎樣？妳還這麼年輕，交什麼男朋友？影響功課怎麼辦？」

我不滿爸爸只在乎我的學業，大喊：「這就是我想要的幸福啊！」「妳才幾歲？妳跟我講什麼想要的幸福？」

爸爸傻眼，不敢相信向來溫順乖巧的女兒會變得如此叛逆，或許他以為我是被愛情沖昏了頭，但我很清楚那天用盡力氣大吼、超像八點檔的台詞，其實是我多年來的渴望。

只是連我自己也沒發現，我想要的不僅是愛情而已，而是多年來對於情感缺失的追尋與嚮往。

我和爸爸意見相悖誰也說服不了誰，接二連三的衝突，使得彼此的不滿與誤解越來越深，說話也越來越難聽。我和爸爸的互動已經失控、關係的裂痕逐漸擴大。然而我們誰也沒發現，也未曾想過如何解決。

到了高二高三，課程難度變高，我的成績下滑了，爸爸更加認定交男朋友影響到我的課業，從一開始的碎碎念到破口大罵，而我也不甘示弱地反擊，兩人爭吵越發激烈，終於在某一天，我的憤怒到了臨界點，整個人

衝突的當下，如果一再放任情緒，
我們說出的話不但傷人，也容易讓自己後悔。

都豁出去了。

「讀書讀書讀書，除了叫我讀書以外，你還會講什麼啦！」我氣得對他大吼。

爸爸聽了又驚又怒，久久說不出話，好長一段時間才緩緩說出：「我那麼辛苦賺錢，不是都花在妳身上嗎？讓妳好好長大、讓妳念那麼貴的學校、還讓妳補習，妳知道我多辛苦嗎？」

爸爸的神情是那麼無奈、痛苦，可是這番話徹底激怒了我，或許是無意間戳中我心底最深最深的傷口，我就像一隻負傷的野獸，終於也忍不住說出了傷人的話：「好好長大？我從小到大都一個人買飯吃，睡覺前爸爸才回來叫好好長大？」

憤怒至極，我反而冷笑起來：「你說你花錢讓我去讀曉明，你有問過我想不想念嗎？我每天不是念書就是補習，你有沒有想過我壓力有多大？你說你很辛苦，可是你的辛苦是為了誰啊？不是我耶！是為了你自己，你只是想養一個功課好的女兒，滿足你的虛榮心！」

我這一連串滿懷怨懟的指責，就像沾了水的濕布，緊緊堵住了爸爸的口，他驚愕地盯著我一句話都說不出來。

而我的情緒失去控制、無法思考，只聽到自己口中仍不斷吐出狂亂又惡毒的話：「你賺錢很辛苦，好啦，不用你那麼辛苦啦，你的錢留著自己養老，我以後長大了就再也不會回來，更不可能養你！」說完，我轉身回房，重重甩上了房門。

那一晚後來怎麼結束，我不記得了。我只知道，那一晚後，我們父女間不再有那麼大的衝突——事實上，我們連一句平常的問候都沒再說過了。

「當年您為什麼不直接跟他講要搬出去？」我問媽媽。

「我講過了，但沒有用。」

便利商店的冷氣開得很強，我手上的熱拿鐵迅速降溫，就跟我的心情一樣，聽完媽媽平靜道出當年她的婚姻生活，以及按捺多年的委屈後，心瞬間涼了半截。

媽媽說的其實我都不陌生，很多情景我都還有印象，但當時年紀太小了，即使隱約感覺到媽媽的悲傷與無助，卻還是不曉得具體發生了什麼事。直到長大後跟媽媽對話，核對我們記憶中的那些場景，我才明白當年她——或說我們母女，都是生活在一個求助無門的黑洞裡，而她的丈夫、我的父親，幾乎每個時刻都在場，卻隱身在黑暗中。

跟爸爸大吵後的第二天，我離家出走跑去找媽媽。

父母離婚之後，我仍和媽媽保持聯絡，後來我們搬到台中，我跟媽媽就有點漸行漸遠了，直到爆發這次嚴重衝突，我才又去找她。

本來是為了訴苦，卻聽了更多當年的「祕辛」，讓我的怒氣值沒有半點下降，反而飆到快破表了。

「平平，妳會不會怪媽媽？」等我稍大一點，只要與媽媽見面，她總會問我這句話，而且不論問過多少次，這句話她仍開口得相當艱難。

「不會，一點都不會。」我也給了始終不變的答案，但是這次，氣頭上的我口不擇言地繼續說道：「您算很能忍了。」我將手中的咖啡一飲而盡，然後重重將杯子摔在桌上：「如果是我可能半年不到就跑了，哪可能還留下來那麼久，還幫他生孩子！」

「不要這樣說，他是妳爸爸。」看我那麼激動，媽媽有點懊悔，但我根本聽不進去。

「是爸爸啊，是個只會出錢的爸爸！」我忿忿地說：「媽，我跟您講句不好聽的，您知道我們搬到台中之後，爸就跟之前交往的女朋友結婚了吧？連那個阿姨都比他稱職！他除了賺錢，其他為人家長該做的，幾乎都

將心比心，發自內心感恩他人對自己的恩惠，
會念恩的人最快樂。

沒做到！」

種種不愉快的畫面接連湧上我的心頭，讓我氣得渾身發抖；為什麼明明沒做好的人是爸爸，卻是我們母女倆在這裡互相舔拭傷口，他人呢？

他人呢？

那天最後，在媽媽的勸說下，我還是回家了。我還是要繼續上學，還是要繼續補習，還是要繼續過日子，媽媽家離學校太遠了，一點都不現實。

然而那天就像是一個分水嶺，從此以後，我跟爸爸的關係降到冰點，明明住在同一個屋簷下，卻可以一句話都不說，要繳學費或什麼資料要家長簽名，我把單子扔在桌上，然後就自己去睡了。

後來考上大學，我就搬出去住，之後也到了台北工作，除了年節，幾乎沒有回家，彰化老家更是春節假期才會回去。對於爸爸，我彷彿滋生了另一種新的心態：既然你當年在媽媽跟我需要你的時候都不在，那麼現在

我在你的生活中缺席也是剛好而已。

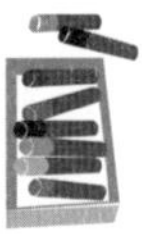

下弦月孤傲地掛在夜空，望著細細的月亮和灰暗的天空，我有一種不安的感覺，堂弟就好像今晚的月亮一樣，纖細、孤單、脆弱，隨時都有可能被黑暗吞噬。

怎麼會有這種想法啊！我奮力搖頭，企圖把這股不安甩出我的腦海，然後小跑步往兒童急診病房奔去。

嬸嬸靜靜地坐在手術房外，看到我勉強扯了一個笑容：「依平啊，謝謝妳，妳辛苦了。」

「哪會辛苦，嬸嬸，您多少吃些東西。」我將餐點遞給她。

嬸嬸打開餐盒，拿起筷子，遲遲沒有動作，突然間，我看見一滴眼淚掉進飯盒中。

「嬸嬸，別擔心，弟弟不會有事的。」看嬸嬸的模樣，我也忍不住鼻酸：「您都忙一整天了，不能都不吃東西啦。」

這個讓所有家人都為之心繫的小堂弟，是我們家族中最小的成員，也是當時台灣體重紀錄最輕的早產兒。他的身體非常虛弱，一出生就狀況不斷，叔叔嬸嬸總是待在醫院裡，為了照顧堂弟心力交瘁，眼淚也幾乎沒停過，我看在眼裡也不禁感到心疼。

同樣作為早產兒出生的我，早已沒了過去的記憶，我從不知道照顧一個不足月的孩子，竟然這麼辛苦、需要花費那麼多金錢。

我想到成長過程中，每個人多多少少都和我說過我出生時的故事：

「妳剛出生的時候好小好小，只有900克重，一出生就被送到保溫箱，待了兩三個月。那個時候真的好危險，大家都好怕妳撐不過來！」

「我們家離妳出生的醫院很遠，妳又在保溫箱住了好幾個月，妳爸每天就開好幾個小時的車往返，只為了隔著保溫箱看妳半小時……」

就連我爸爸都反覆提到：「那時候妳狀況很多，還要開刀才能活下來，醫生問我：『你要救這個小孩嗎？』我很堅決地說：『救！當然要救！』」爸爸每每說起這段，表情驕傲無比，好像這是他人生做過最重要的決定。

我知道自己曾經動過一場大手術，直到現在肚皮上仍有一條猙獰的長疤，可問起是為什麼動的手術，連爸爸自己都說不清楚，他說自己當年太害怕了，只希望我活著就好，其他什麼都不記得了。

過去我聽爸爸和家人說起這些往事只覺得好笑，那些病痛的過往，是現在健健康康的我無法體會的，我甚至認為他們誇張了，就好像在聽一個陌生人的故事，完全無動於衷。

直到親眼看到了小堂弟，和叔叔嬸嬸煎熬不捨的模樣，讓我不禁想像

保守害羞的傳統氛圍，讓我們不輕易將愛說出口，
驀然要去感謝、回應父母的愛，一時之間不知從何開始。

爸媽當時是什麼狀態？叔叔嬸嬸現在都已經那麼辛苦了，那麼三十多年前的爸爸媽媽，想必面臨的是更惡劣的關卡吧？時間、金錢、心力，對當時還那麼年輕的他們來說，在在都是沉重的負擔，在如此大的壓力下，爸爸是用什麼心情說出「救！當然要救！花多少錢都要救！」這句話的呢？

在堂弟出生的前幾年，我不但負能量爆棚，而且憤世嫉俗，每天都在社群平台上發一些很偏激的言論。與此同時，我注意到身旁一位同事，他總是笑瞇瞇的，遇到事情也能沉著圓融地解決，羨慕不已的我和他請教，他卻熱情地邀請我去上廣論課。

我本來不以為然，沒想到這個課程陪我解開了生命中最大的心結。

上了一陣子的課之後，親朋好友便認為我有所不同，確實透過講師的開導、師兄姐的鼓勵等等，我感覺到自己的心靈漸漸平靜，看事情的角度好像也開始轉變了，說起來有點抽象，但彷彿心裡深處凝結已久的傷痛與埋怨慢慢融化了，由內至外，影響了我的生活。

但是真正衝擊到我的，是課程中「觀功念恩」的概念，教導我們如何將心比心，發自內心感恩他人對自己的恩惠。聽到這個概念，我整個人頓時起一身雞皮疙瘩！

「會念恩的人最快樂。」課程中，講師不斷提到這句話，也讓一直在追尋快樂的我開始反思，什麼才是真正的快樂？如果感謝別人能讓自己快樂，那我最該感恩的人是誰？

不該是他，不要是他！只要想到這個問題，我不由自主心生抗拒；雖然，在上了課之後，我的心境開朗了許多，但這個問題始終是一道跨不過的坎，我下意識地逃避，不願意多想。

曾經我不快樂的根由都來自於爸爸，我出生在一個紛紛擾擾的大家庭是因為他，我沒有媽媽陪伴長大是因為他，我孤單的少女時期也是因為他，那麼多的失落、傷痛與怨懟，要我如何轉念？

然而堂弟出生時，我親眼看見叔叔嬸嬸為人父母對孩子付出的那份心力，令我動搖了。

「救！當然要救！花多少錢都要救！」以那麼驕傲的表情述說挽救我生命過程的爸爸，怎麼可能不在乎他唯一的女兒？我把所有的錯都怪到爸爸身上，真的是對的嗎？還是其實這麼多年來，我經歷了許多、擁有了許多，卻選擇蒙蔽自己的雙眼，不願面對？

我執拗地記得爸爸逼我念書、為我報補習班，卻不記得補完習後，都是爸爸來接我回家。

爸爸的工作很忙，晚上九點半了，他才坐在車裡吃便當，等待我下課，常常等到睡著，副駕駛座上還放著吃完的餐盒，臉上還沾著飯粒。但我好像沒看見這一切似地，「欸，趕快起來啦！我回家還要念書，明天要考試！」這是我對工作一整天已精疲力竭、卻還強撐著來接送我的爸爸，唯一說出口的話！

我以為爸爸不了解我，要求我活成他理想中的模樣，卻忘記了完全不喜歡動畫的爸爸，會陪我進電影院看《名偵探柯南》劇場版。

那天爸爸問我要不要去看電影時，我因為失戀心情不好想出外散心，就答應了。燈光灰暗的空間、舒適的座椅，和喧鬧的音效組成一首催眠曲，電影還沒過半，爸爸已睡到打呼，震耳欲聾的鼾聲引來旁人側目的眼光，我尷尬地想要奪門而出。

多年以後，隨口和師姐聊起這段往事，她提醒我：「不是每個爸爸都知道女兒喜歡什麼。」我才恍然大悟，原來爸爸比我所想的還要了解我，他陪我去看電影，只是因為我喜歡而已。

一段接一段的回憶，我發現，爸爸似乎不是我印象裡的那個樣子，他

我到底想要什麼？誠實面對自己後發現，
深埋在我內心深處的願望，始終是想更親近爸爸一些。

遠比我以為的，更加愛我。

「平平，妳回來，我們去看醫生。」

那一年，我在外地念大學，與交往多年的男友分手，心情不太好，爸爸從電話中察覺我的狀態不對，主動為我找尋了一間評價頗佳的身心科診所，要求我每個禮拜回家，陪同我去看診。

那個時候的我憂鬱症發作，身心都很虛弱，對於爸爸的堅持也不大抗拒，回家的次數因此多了起來，但跟爸爸還是沒什麼話聊，每次並排坐在候診區，都格外地沉默，對於我和爸爸之間凝重的氣氛，診所播放著的輕音樂一點作用都沒有。

「爸，不用陪我等了，你先回去啦！」我再次向爸爸提議。

爸爸伸伸腿，換了一個姿勢。「沒差。」就像國高中時再苦再累，也要來接我下課一樣，我聽出爸爸的堅持，重新垂下頭滑手機，彷彿剛剛的對話沒發生過。

爸爸陪我進了診間，醫生問診結束後，爸爸突然插話問：「醫生，如果我女兒休學在家休養，沒有了課業壓力，會不會對情緒恢復比較好？」

這個問題我和爸爸私下已經討論過，我也拒絕了，眼看即將大學畢業，我實在不願因此延長學業，但我沒想到爸爸沒放棄，還拿來問醫生。

幸好醫生否定了爸爸，「盡量讓張小姐維持正常生活，接觸人群，對她來說比較有幫助。」

「好的好的，謝謝醫生。」爸爸連聲道謝。

我看著這樣的爸爸，心裡說不上是什麼滋味，那個過去為了我離開家族事業，從彰化搬到台中只為讓我讀曉明女中的爸爸，那個因為我談戀愛成績下滑和我大吵的爸爸，竟在我即將拿到大學文憑的前一刻，寧願要我休學，也只想我快樂……

我對爸爸是怎麼說的呢？

「我以後絕對不會回家來！更不可能養你！」

但說出這種話的我，遇到了困境，還是只能依賴爸爸。每個禮拜從北部回家，是爸爸陪我去看診；為了讓我開心，爸爸嘗試了各種方法，到處詢問哪裡有好吃、好玩的，我一到家，桌上就放著我喜歡吃的東西。他也不說明，就指著桌上的食物說：「給妳的。」

即使當時的我深陷憂鬱，沒辦法敞開心接受他人的好意，也無法掩蓋我是一個不知感恩的人。

在爸爸的陪伴下，我漸漸復原了，我跟爸爸之間的互動依然疏離，甚至當我狀況轉好後，我就把這段日子給忘了，不曾多想爸爸為我付出多少。

我把一切都視為理所當然，直到我學習「觀功念恩」，開始探索自己的內心，重新梳理過去的回憶，我羞愧地察覺，我指責爸爸不是一個好爸爸，但我也不是一個好女兒。

其實養我真的很不容易。早產兒出生的我從小身體虛弱，常常跑醫院看醫生，後來心理也出了問題，勞煩爸爸為我擔憂。更別說爸爸在我身上花費的金錢，為了要救剛出生的我，爸爸傾家蕩產也在所不惜，長大後不論是讓我念曉明女中，還是學才藝，都需要一定的財力支撐，而我那些鋼琴課、英文課、心算課，以及從小到大的課程補習，都有爸爸接送的影子。

離開家族事業，從零開始創業的爸爸，就算經濟壓力再大，也沒有少過我吃穿，補習才藝學費分毫沒有減少，一直以最好的規格來富養我。

離婚多年後擇偶的第一條件，是願意努力、誠心地對待他的女兒。

我能順利地完成學業，健健康康成長到今天，都要感謝爸爸。我卻到

我最想做的是和他說聲謝謝、彼此關心，
而不是雙方都彆彆扭扭的，明明愛著對方，卻嘴硬不肯言明。

現在才明白。

廣論課班上，親子關係不好的人不只我一個，有許多師兄姐正是因為觀功念恩，得以設身處地父母親的立場，回想起父母親的恩德，心中的埋怨逐漸消散，自己終於豁然開朗，跟父母的互動也開始轉變。他們以自身的行動告訴我，和父母和解，同時也在治癒自我。

但長久以來僵硬的關係要改變實在太難了，保守害羞的傳統思想，讓我們不輕易將愛說出口，驀然要去感謝、去回應父母的愛，一時之間不知要從何開始。

我捫心自問，我到底想要什麼？

誠實面對自己後發現，深埋在我內心深處的願望，其實是想更親近爸爸一些。

假如我今天就要離開這個世界，我最想做的事就是和爸爸一起吃飯，最想說的話就是和爸爸說聲謝謝。我想要跟爸爸像一般人家的父女，親切自然地互動，可以隨意地聊天、彼此關心，而不是雙方都彆彆扭扭的，明明互相愛著對方，卻嘴硬不肯言明。

看透了自己的內心，發現自己要的真的很簡單，只是以前的我太過幼稚，把失去母親的痛苦一股腦地怪罪到爸爸身上，怨恨他沒有給我一個完整的童年，固執地不去看清爸爸對我的好。

當我嘗試用成熟的目光，重新去看當年的爸爸，我才體會到他的難處：世界上誰結婚時會希望自己的婚姻失敗？爸爸何嘗不想要幸福美滿的家庭，但他結婚的時候才二十出頭，如果從小到大，他都對家裡的各種衝突無能為力，又怎麼可能一娶了老婆就知道怎麼應對呢？他也不是孩子一出生就知道怎麼做父親，不了解除了物質之外，還可以用什麼方式付出父愛，因此他只能透過拚命工作，讓我擁有很好的生活與學習環境，只是顧此失彼，我們也因此錯過了許多父女共處的時光。

我的創傷是真實的，爸爸的愛也是真實的。我們都沒有錯、都值得被好好對待，只是過去的傷口還沒有癒合，痛楚蒙蔽了我其他的感受，也影響了我的判斷；但是經過深沉的自我沉澱與覺察後，有些事，逐漸轉化成另一種面貌；有些心情，可能還記得，卻不再感到痛苦；還有些我始終難以釋懷、過去總憤慨認為「我就是跨不過」的坎，竟然漸漸地煙消雲散了。

行走至此，我終於放下了，也學著用一顆更堅強的心，勇敢橫跨我跟爸爸之間的冰原。

一開始我努力想釋出善意，但是爸爸仍像是一堵由凍土築起的高牆一樣，堅硬、冰冷，面對我的關心，爸爸總是簡短冷漠地回應，甚至好像迫不及待想把電話掛掉，說真的，我差一點就放棄了！

雖然破冰很不容易，但我已經下定決心，釋放過去的痛苦，努力跟爸爸創造新的良性互動。

「喂？阿姨嗎？」話筒一端的聲音換成熟悉溫暖的女聲，我不禁感到有點失望，隨即提起精神和阿姨話家常。

「阿姨」是爸爸再婚的對象，也是我和爸爸之間的潤滑劑，有阿姨在場，我們三人的相處就像正常家庭一樣，爸爸也會說比較多話。對我來說，阿姨就像是第二個媽媽，在他們還在交往的時候，阿姨就會關心我、管教我，不因為我是另一半前段婚姻的孩子，而存在任何的隔閡和輕忽。

當我嘗試用成熟的目光，重新看待當年的爸爸，才體會到他的難處。
我的創傷是真實的，但爸爸對我的愛也是真實的。

成長過程中，是阿姨教會我生活上的瑣事，讓我不至於變一個生活白癡——畢竟我爸爸笨拙的性子，從以前到現在都不曾改變。

阿姨彷彿聽出了我的心情，笑著跟我說：「平平，妳爸是真的去睡覺了，他現在年紀大了，比較早睡，不是敷衍妳。」

「真的嗎？可是我每次打電話回家，都跟他說不上幾句話。」

「妳爸爸那個人，哪裡是會聊天的人。」阿姨安慰我道，「但每次接到妳的電話，他的心情都會很好喔！」

在阿姨的打氣下，我決定再接再厲，鼓起勇氣在電話中對爸爸說：「爸爸，我真的很愛您，謝謝您很辛苦地養育我長大，我這輩子最愛的就是您。」

本來只是想感謝爸爸，但說著說著我忍不住哭了，想起爸爸對我種種的好，隔著電話終於把對爸爸的愛說出口。

「好，我知道了。」爸爸還是只回這麼簡短的一句。

我不禁好氣又好笑，我在電話這頭都哭成這樣了，爸爸怎麼一點反應也沒有？轉念一想，爸爸那個悶騷的個性，說不定聽到我的表達，當下手忙腳亂不知該說什麼呢！

我持續「進攻」，趁著父親節錄了一個感恩影片，用LINE傳送給他，之後爸爸回覆我：「謝謝，我很感動。」那一刻，我感覺到我和爸爸的距離縮短了。

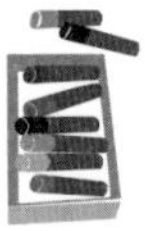

狗狗這種動物真會撒嬌，難怪會那麼受人類歡迎。每次帶著狗狗回彰化，看到牠跟爸爸無比恩愛，彷彿全世界都不能讓他們分開的樣子，我心底都會不自覺這麼想。

「好乖好乖，你想吃肉肉對不對？爺爺都幫你準備好了喔！」爸爸寵溺地搓揉著狗狗的頭臉，又是抱又是摸，還嘟嘟囔囔說著一堆狗狗根本聽不懂的話。而狗狗也很識相，一看到爸爸就撲上去，瘋狂磨蹭撒嬌，讓爸爸更對牠愛不釋手。

「太誇張了吧……」看到爸爸跟狗狗的互動，我忍不住吐槽。

「就是說嘛！你爸爸跟這隻狗狗十分鐘內說的話，比我跟他一個禮拜講得還多！」阿姨一邊端茶跟點心出來，一邊幫腔。

而每次聽到我們這麼說，爸爸總會有點不好意思。看到他這樣，我跟阿姨都會相視一笑。

狗狗，是我結婚後跟先生一起領養的，現在我和先生週末放假了，就會帶狗狗回家看爸爸，或是全家人相約出門遊玩。幾年下來，我們走過九份、清境農場等台灣知名景點，創造不少溫馨的回憶，也圓了我小時候的夢想。

和爸爸共同出遊的時光，為我們創造了不少話題，爸爸還是寡言少語，但比起講電話的簡短，那可健談多了！加上阿姨和先生不時插科打諢，爸爸也願意開口多說上幾句。

後來爸爸也開始學習《廣論》，每次回家，爸爸都會與我分享他的課程進度，還會給我看他的上課筆記。

「哇！爸爸您好認真喔，筆記寫得好詳細。」我稱讚爸爸，他立即露出了得意的表情，「您上課還是全勤欸，好棒喔！」

「沒什麼啦！」爸爸擺擺手，眼睛嘴角卻掩不住的開心。

我瞬間就覺得爸爸好像小孩子，和家長炫耀自己的成績，怎麼會這麼可愛！於是每次爸爸說起他的學習心得，我總會大力讚美他。

看著這樣的爸爸，我想，小時候的我不知道是不是也是這樣，努力表現以求得爸爸的關注？當時爸爸大概如同現在的我，既開心又滿足吧！

我們都沒有錯、都值得被好好對待，只是過去的傷口還沒有癒合，
痛楚蒙蔽了我其他的感受、也影響了我對他的判斷。

「還有什麼事嗎？」

「喔……沒有啦，對了，春天到了，天氣會反反覆覆的，您跟阿姨要多注意喔！」剛洗完澡的我，一邊開著擴音講電話、一邊把化妝水往臉上拍。

「知道了。」爸爸停頓了一下，彷彿又想起什麼：「對了，妳上次說那個很好喝的普洱茶，我後來又跟阿宗叔叔訂了，再寄給妳。」

「好哇！謝謝爸爸！」

「嗯。」接著，就跟往常一樣，爸爸又沒頭沒腦地把電話掛了，我習慣性地再度確認通話時間，1分19秒，好吧，這也算是一大進步了！

現在，爸爸的話還是很少，我還是常常覺得他很難聊，但是我們的關係已經變得相當融洽，對我來說打電話關心他已經不再是一件困難的事。

而爸爸看似沒有太多的變化，還是一如往常地寡言。但他始終記得我愛吃的點心，只要我一回到娘家，就有他提前去排隊買的熱騰騰的紅薯餅。

偶爾我們會聊起過去的衝突和隔閡，但爸爸總是愣愣地告訴我，他通通都忘記了。也是，何必再記得呢？過去我們已經在那些爭執、疏離、誤解上耗了三十年，不需要再花費一絲心力了，關注在我們的現在，建立新的父女關係才是最重要的。

最後，那500公尺我有沒有克服，也已經不重要了，重要的是我已經和爸爸重新牽起彼此的手，一起爬過心中陡峭的關卡、成功登頂。在山頂上等著我們的，不再是爸爸忙碌的背影，或是當年畏縮在角落的平平，而是一張全家福的合照，照片裡的我已經成人，爸爸的兩鬢也已斑白，但我們的笑容卻是那麼相似——帶著一抹寬和與平靜，以及發自內心且永不止息的愛。

延伸思考

人際溝通講師、身心靈工作者　羅志仲

教養出聽話、乖巧、功課好的孩子，是許多父母的願望。這樣的孩子，往往自小就學會了壓抑自己的感受，忽略自己的需求，也學會了只是去滿足大人的期待。

本文中的依平，從小便是如此聽話、乖巧、功課好的孩子。媽媽離家後，依平安安靜靜地如常生活，沒有哭鬧，也沒有吵著要找媽媽，看在長輩眼裡，這個小女孩真懂事。

除了依平自己，沒有人知道，她心中其實積累著越來越多的孤單、悲傷，以及對父親的憤怒與怨氣。

為了滿足父親的期待，依平繼續壓抑自己，努力補習、念書，考上了人人稱羨的私中。

而那些一直被壓抑、忽略的感受與需求，並不會因此消失，最終在日後引爆開來，形成父女決裂。

那個聽話、乖巧、功課好的小女孩不見了，並不是因為她進入了「叛逆期」，而是她的感受沒被看見，需求沒被滿足。

祈願天下父母，不再只是以教養出聽話、乖巧、功課好的孩子為目標，而是能開始去傾聽孩子的心聲，瞭解孩子的內在，連結孩子的渴望，如此，則是孩子之幸，也是父母之幸，天下之幸。

我的愛是讓你振翅高飛

洪淳安（化名）
文／蘇曇

很多人覺得理解很難，其實很容易。當你不再只是想得到自己要的東西，願意忽略自己的感覺，認真地去傾聽別人的問題時，你會非常容易理解他。為什麼？因為在那個當下，自己已經不重要了，你就比較能聽明白別人的問題。

《希望・新生》四季法語65

教小孩是一件很難很難的事，時常是小時候父母怎麼對你，
你就會怎麼對孩子，因為那是我們內建的本能反應。

在我上小學前，有一個可怕的噩夢總是反覆出現：很少回家的爸爸好不容易回來了，但是家裡沒有任何一個人歡迎他。因為我們都知道，他絕對是回來要錢的。

「少在那邊囉唆，錢拿出來就對了！」爸爸沒好氣地用力拍著桌子，大聲嚷嚷著。

「六個孩子在鎮上讀書、在家裡的吃住不用錢嗎？家裡的田雇工人來幫忙不用錢嗎？孩子是誰在養？家裡的田是誰在顧？你倒好啊，什麼都不管，開開心心在外面賭博養女人。身為一個男人也不賺錢，就靠著老婆養；平時看不見人影，要錢的時候才會想到要回家。你要不要臉啊你？」媽媽也不甘示弱地吼回去。

「妳說什麼妳！再說一句試試看！」爸爸重重地打了媽媽一耳光，並順手把房間門帶上。

小小的我蹲在那扇門外發抖，聽著門後傳來更多媽媽不服氣的怒吼，

摔砸物品的動靜，和各種身體碰在椅子、牆上發出的驚人乒乒乓乓聲，以及後來媽媽淒厲的、哀切的哭聲。那些聲音在我心裡……就像電影院的3D立體環繞音效一樣，那麼的真實，讓人對其中的恐懼、痛苦、不甘、怨怒等等情緒身歷其境。有時候聽著、聽著，我甚至會分不清現在被打的是媽媽還是我，眼淚不自覺地順著臉龐滴落。那種驚懼深深烙印在我的心裡，一直到長大以後，遇到別人大聲嘶吼、打架、摔東西，我的心都還會猛地一抽、揪成一團，只想躲在哪裡瑟瑟發抖。

那些時刻，我很希望自己能保護媽媽。我常想像有一天我會站在媽媽身前，對施暴的爸爸大喊：「住手！」但事實上我什麼也做不到，只能在門外發著抖、流著淚，等待一切平息。

隔天早上，要到錢的爸爸離開了，哥哥姐姐們都在鎮上讀書，假日才會回來。還小的我看著一如往常準備好早餐的媽媽，一股恐懼隨著兇狠的爸爸離去而消弭，心中卻又升起另一股恐懼。因為我知道媽媽被打得厲害了，有時候會不見。

再長大一點後，我知道媽媽是回娘家去，但是小時候的我還懵懵懂懂的，我只知道：媽媽又不見了。無論到哪裡都找不到媽媽，客廳、廚房、臥室……無論哪裡都沒有她的身影。鄉下的夜晚，四周一片漆黑，人們皆早早熄燈安睡，只有黑暗中不時傳來幾聲狗吠。家中高大的家具和外頭的樹影彷彿長著一雙雙冷漠的眼睛，冷冷地看著無助的我。

我的世界就是家裡到我們家的田這之間的範圍，媽媽卻時常去到我的世界之外。我不知道她什麼時候回來，甚至還會不會回來？會不會就不要我了、不要這個家了？我怕得哭了，怎麼也睡不著……

我就這樣哭著在那個真切得不可思議的夢裡一次又一次找著媽媽，夢裡還時常打雷，那是爸爸的怒吼。每當爸爸說話，我卻沒有聽清楚的時候；或是爸爸在修理東西，叫我用手電筒照哪裡，我卻照歪了的時候……「怎麼那麼笨啊妳！」「一點小事都做不好？」我畏畏縮縮地跟在爸爸身後，心裡充滿了害怕和不安，這樣的畫面幾乎占滿了我對爸爸的所有記憶。

當然，這一切不只是噩夢，它們是我的童年中真真切切、時常發生的事情。

小小的我的世界裡，唯一真實可靠的大山是媽媽。當媽媽回來了，我會跟在她身後幫忙拿東西、做家事，在漆黑的夜裡拿上手電筒，跟著她一起去顧田水……媽媽去到哪裡，我就跟到哪裡。只要是在媽媽身邊，我就什麼不怕。

我最大的願望，就是想要讓媽媽開心。我知道我乖乖的，還有成績好能拿獎狀回家時，媽媽總是特別開心。她會把獎狀一一仔細壓平，小心而我腦中的這些標準是怎麼來的？有沒有道理？
有沒有顧及到每個人天生就是不同的人？

整齊地貼在牆上，眼中流露出欣喜而驕傲的光芒。很幸運地，念書對我來說不算太困難。

我一路順利地讀完師專，當了老師，在學校裡認識了我先生。我們結婚的時候，我對自己的家庭充滿了期待：我想要一個溫馨和樂的家。我也告訴自己，我一定會給我的孩子很充足的愛，讓他們快快樂樂地成長、可以自由發展，不會受到太多限制。

我的第一胎是男孩，那時候我和先生白天上課，晚上還在大學夜間部進修，剛好公婆也願意幫忙帶孩子，就把兒子託給在台東的公婆。

我和先生會固定去看他，寒暑假也會去，但兒子三歲時把他帶回來的時候，還是會很明顯地感覺到：兒子真的就是和我們沒那麼親。

之前他在晚上醒過來要喝奶的時候，我們不在他身邊；他鬧脾氣、玩完玩具不收好的時候，我們也不在他身邊；他挑食不吃這個不吃那個的時候，我們還是不在他身邊。他的言行或習慣都不是按照我們的價值觀教出來的，讓他真的安心信賴的人也不是我們。有時候叫他他不應，婆婆說那是因為他和我們不夠熟，他會害羞。雖然是自己生的孩子，但我們雙方等於是這時候才從頭開始磨合。

可是三歲的小孩活動力已經很驚人了，就是人家說的「人憎狗嫌」的年紀；也是幼兒初次進入叛逆期，會開始常常說「不要」，一直和爸爸媽媽作對的年紀。很多事情我們在重新建立默契，結果小孩總是跟你說不要，搞東搞西，偏偏活動力還超級旺盛，那真的很累人。

我和先生上了一整天的課回來，甚至可能吃過飯後一直到剛剛都還在和學生家長通電話，坐下來打開幾本教材要備課了，或是要寫進修部的作業時，「啊啊嗚嗚！」兒子不知道在興奮什麼，雙手亂揮，叫個不停，要不然就是含糊不清地在哼什麼旋律，偏又理直氣壯地哼得超大聲。

「爸爸媽媽在忙，小聲一點好不好？」沒有得到回應。兒子爬到旁邊不知看到什麼螞蟻還是小蟲，樂得咯咯直笑。我還想再跟他講一下道理，但他的注意力已經不在這邊了。不知道為什麼小孩的中氣總是那麼足，他們一笑、一叫，你會覺得你耳膜都要被震破掉了。我想可能他想要爸爸媽媽陪他，就把他抱過來一點，結果他一過來馬上伸手拿先生的書，要撕撕看。「欸欸欸，不行！」兒子被我的高分貝嚇到，安靜了一會兒。我去拿他喜歡的小車車來給他玩，但過一會兒他都沒聲音，我才發現他已經跑到旁邊正試著要爬到椅子上，去拿櫃子上的東西。才把他抱下來，他又開始哼歌，先生也不耐煩地看了這邊一眼。

有時候先生可能回家累了，想小睡一下再起來備課，但兒子在旁邊不受控制地又叫又笑，把我搞得十分緊張，既怕先生被吵醒，又怕先生生氣；有時候是我們趕著吃完飯，要改學生的作業，結果他在那邊邊吃邊玩，剩下半碗飯就是不吃掉，邊摸桌子邊說：「隔壁大哥哥今天打祐祐！」我心裡急啊，可是還是要耐心問他：「是喔？發生了什麼事啊？」兒子大聲地說：「他們在搶龍貓！」邊說著，嘴裡的飯又噴到桌上許多。

我有點不耐煩地撿著飯粒，一邊還是試著溫柔地跟他說：「趕快把飯吃完好不好？爸爸媽媽還有事情要做。」「不好！」兒子中氣十足地回答，含了一口飯後開始玩椅墊，就是沒有要好好吃飯的意思。我很想趕快結束這一切，很想說：「媽媽餵，你趕快吃！」但是又怕兒子被餵習慣了，以後更不會自己吃飯。還在糾結的時候，先生不耐煩的眼神已經掃射過來了，顯然他已經瀕臨生氣的臨界點了。

更別提家有幼兒的爸媽睡前通常都要經歷的無限輪迴：「聽完這個故事就睡覺好不好？」「不要！」「再玩恐龍五分鐘就要睡覺囉。」「不要！」「爸爸媽媽先睡喔……」「不要！」

在那段白天上完班，晚上還要做家事、備課的日子裡，這種磨合真的很累。而且對於像我這樣從小在情緒高度不穩定的父母身邊長大的小孩來說，我對別人的情緒特別敏感，只要一察覺到別人開始不高興了，我就會下意識想要做點什麼來緩和場面、避免衝突。當然，這種覺察都是後來接

兩個人一旦對立，就很難再靜下來傾聽對方的話，
通常也只會衍生更大的衝突。

觸關愛教育、學到更多教育理念以後，自己慢慢回想才意識到的。

當下其實就是……看到先生一個不耐煩的眼神掃過來了、發現他皺眉頭，感覺先生好像不太高興，可能等一下會發脾氣。我心裡有個警鈴就響了，馬上下意識採取行動，轉頭制止兒子：「你不要吵了，不然爸爸會生氣會打你！」「你不要跑來跑去，不要亂爬，不要一直做那些危險的事，跟你講過了！」「你乖一點啊，聽話，聽話爸爸媽媽才會喜歡。」

先生還額外接了行政職，下班比較晚，所以他通常還是把管教孩子的事情優先交給我。我們很少為了教養孩子的事起大衝突，每次看到他要生氣了，我就會先一步去制止孩子；而我感覺到我要爆發的時候，也會忍一忍，所以我們兩個大人之間其實相處得滿好的。可是那種下班了接著忙家裡的事、一整天除了闔眼睡覺，都得緊緊盯著孩子的忙碌跟疲累沒有出口，有時候就會在孩子面前爆發。像我上班回來還要煮飯做家事，可是兒子還在搗蛋，還在拆他的車子，就是不過來吃飯，我心裡很煩，就會吼

他：「到底是要我請幾遍？飯不想吃就不要吃了，還要我拜託你吃嗎！」他乖乖坐下了，但是吃飯又在那邊拖拖拉拉，我也會吼他：「沒看到媽媽這麼忙嗎！還亂！」

當我吼完，看到兒子被嚇到的表情時，會很後悔，心裡也知道自己是把太多情緒混合在一起，只是找了一個藉口發洩出來。可是當吼完十分鐘以後，兒子發現我好像不生氣了，又繼續慢吞吞地吃飯，而我出門上課已經快要遲到了，還是會嘴巴比大腦更快一步地吼他：「你這麼不乖、不吃就算了！媽媽不管你了，我要出門了！」

我自己是學教育的，但我必須承認，教小孩是一件很難很難的事情。

很多狀況與小孩的情緒一個接一個地炸過來，在沒有很強烈的某種信念，或是真的學過很有系統的應對的時候，時常是小時候爸媽怎麼對你，你就會怎麼對孩子，因為那是我們內建的本能反應。

結婚的時候，我也想要讓孩子們都快樂自由地長大，不會受到太多約束和限制，可以想怎麼做就怎麼做。但那時候我沒有想過，這和我從小一直以來信奉的「小孩子不應該做讓大人不高興的事」、「小孩子應該要乖」可能是會有很多衝突的。那些我小時候很相信、也一直這樣做的事，才是我遇到事情的時候第一時間會有的反應。

至於這些「應該」是怎麼來的？有沒有道理？有沒有顧及到每個人天生就是不同的人？……這些事情我也都是接觸到關愛教育以後才開始省思的。

結果最後我教兒子的時候，可能最常跟他說的話就是「你不可以怎樣、不要怎樣……」，還有「要乖，不然爸爸會生氣喔」。

不只是我自己已經習慣了「正常」的小孩就是要乖乖的、要懂事、要聽話；因為小孩子乖巧一點，大人煩心的事就少很多；還有我和先生都是老師，親戚朋友之間多少有一些「老師教出來的孩子有比較厲害嗎」之類的比較心理，這些眼光都是一種制約，會讓我覺得我就是要把孩子教得乖乖的。

兒子的確也很聰明，很快就變得安靜乖巧又很懂事，不會再隨便哭鬧，很會配合別人。

兒子回來後不久，女兒也出生了。這時我和先生的大學夜間部進修課程告一段落，也因為又多學了一些教育的理念，覺得孩子應該要自己帶，所以我們白天就在台北找奶媽，晚上把女兒帶回來自己照顧。

不知道是因為從小的接觸比較多，或者因為我們對養孩子比較有經驗了，還是人家說女兒是爸爸前世的情人是真的，先生對女兒比較有耐心，也比較寵她。女兒有時候哭鬧，我跟她說「要乖，不然爸爸會生氣」，她做父母的也會有過錯，也需要他人的關愛。

才不怕，她覺得她不要欺負爸爸就很好了。

不只我先生疼她，兒子也滿疼妹妹的，在我們家什麼事都是女兒先做決定。我們買了什麼吃的、玩的回來，女兒都會先說：「我要這個！」兒子也會很配合地說：「那我要那個。」就連做家事的時候也是，女兒選了拖地，兒子就會說那我去掃地。

兩個孩子平常都處得很好，很乖很懂事，成績也都能維持在中上，就會覺得好像我滿會教的，孩子都很友愛又懂事。對做父母的來講，這樣就是最好的了，要是沒有遇到什麼特別的事情，很少會去想太多。

但是有一次，我和先生帶兒子女兒去公園玩，我和先生騎一輛協力車，兒子和女兒騎另一輛。一開始不太習慣是正常的，但兒子坐在前面，發現車子不太好控制、龍頭歪來歪去，他就馬上有點猶豫跟畏縮，一副想停下來或想下車，但又不敢的樣子。女兒看到哥哥的反應，就跟哥哥說：「我來我來！」於是就變成女兒在前面很開心地騎，哥哥坐在後面。

甚至有一次，他們兩個坐錯公車，坐到一半才發現這台車不會到我們家，那時候哥哥也是推著妹妹，跟妹妹說：「妳去啦，妳去跟司機叔叔說我們坐錯車了，我們要下車。」

我那時候才發現，和女兒相比，兒子真的比較畏縮，不敢表達，也不太會去爭取自己想要的，通常都在配合妹妹。不過這一點其實小時候看起來也沒什麼，畢竟我們一直以來受的教育沒什麼特別需要表達自己意見的地方。只要成績ok，個性不錯，和同學相處沒有鬧出什麼事來，在父母看起來就覺得沒什麼大問題。他們的個性造成的影響，或是他們和父母之間的分歧，通常都要到大學或出社會以後才會顯現出來。

像我們家那個我覺得乖乖的老大，後來就有好幾次先斬後奏，做了讓我很驚訝的事情。

第一次是兒子讀交大研究所的時候。有一天他突然跟我說：「媽，我要休學重考喔，先跟妳說一聲。」他就這麼輕描淡寫地講完就要走了，但我聽了嚇了非常非常大一跳，當下甚至懷疑是不是我聽錯了？兒子一直以來讀書考試都滿順利的，怎麼會突然到研究所就念不下去了？我驚訝地轉頭問他：「怎麼回事？」兒子卻移開眼神不看我，淡淡地說：「沒有發生什麼事，只是……不是很喜歡我的指導教授。實驗室裡大家常常要花很多時間幫他弄升等資料，我不喜歡這樣。」我跟兒子說：「他是他，你是你，你辛苦一點，多花一點時間做他交代的事，剩下的時間趕快把自己的論文寫完，拿到學位就好了，就不關你的事了啊。」兒子卻只是說：「妳不懂啦，總之先跟妳說一聲。」就不肯再多說了。

後來我幾次想找他談，兒子都直接回到房裡把門關上。我擔心得要命，一個人閒下來的時候常常會想起這件事，想不通兒子為什麼要為了別人放棄自己的學位？他是不是還有什麼沒跟我說的？但對一個成年人而言，當他就是不想跟你談論某件事的時候，難道你還能抓住他、把他綁起來逼他說嗎？我還在想要怎麼跟他談，沒多久以後，兒子有天又淡淡地說：「我考上陽明的研究所了，我會去念，妳不用再擔心了。」他就這樣自己決定休學、自己去重考，然後一切都已經搞定了，我還能說什麼呢？

兒子研究所畢業，工作以後，也不是很穩定，常常做不久就換工作。但他每次跟我講的時候，都已經找好下一家公司了，我也沒辦法再說什麼。只是我心裡一直很擔心他：他每次遇到困難，好像都不太習慣試著溝通或克服，就選擇逃跑，這樣以後會不會有更大的問題？

後來，他接觸到一個做電子商務的直銷團隊，因為有課程，還有一些下班後或假日的小組互動，那些事情成了他生活的重心，所以他找工作時會希望是可以盡量配合這些活動的。我覺得兒子在那邊好像滿有歸屬感，也學到很多東西，這樣也不錯，結果最驚嚇的就來了。

「正常」的定義是什麼？只有我想的才是絕對正確的嗎？
這會不會只是我自己內心的一種執著？

那時候，兒子住在家裡，下班後偶爾會去參加直銷團隊的活動，沒事的話就會回家。有一天吃完飯，我們各自要回房間，他突然若無其事地跟我說：「媽，我辭職了，而且我沒有要再找工作，我要專心在家裡做這個電商的直銷。」

我當時心裡其實馬上就炸了，年紀輕輕的，沒有要去上班，像什麼樣子！我瞪大眼睛，聲音高八度問他：「為什麼？你現在的工作很好啊。」兒子說：「做這種電商，就像網路購物，也是很好的工作啊。而且不用天天趕著上班，自由多了。」

我整個傻住了，不上班，要待在家裡，那不就像以前我聽過的某某家的老林、某個嬸婆的隔壁鄰居之類，一開始不知道是怎樣辭職在家，後來養成習慣，越來越好吃懶做，最後就變成大家口中「一輩子沒出息」的人？我們家老大一直都滿不錯的，他怎麼可以變成這樣的人！

我幾乎是用吼地跟他說：「不上班天天在家？這怎麼可以？這樣很不

正常耶！」沒想到一向都乖乖的，個性溫和，從沒對家人說過重話的兒子也突然提高音量嗆我：「什麼叫正常？跟妳一樣才算正常嗎？」

我這麼擔心他，他這是什麼態度？我氣得半死：「這麼重大的事，為什麼不先跟我說？」兒子忿忿地回：「跟妳說了妳會同意嗎？」我還沒來得及再說什麼，他就快步走回自己的房間，「碰」一聲把門關起來了。

兒子生氣，我比他更生氣！他不理我了，我也氣呼呼地回到房間，越想越氣。對他好、為他想，他還給我擺張臭臉。我活得比他久、經歷的事情比他多，我也是出於關心，想告訴他什麼才是好的，但他竟然怨我、兇我，這是做人兒子該有的態度嗎？我從書架上拿了一本書，想轉換心情，但是根本冷靜不下來，書也看不下去。當時先生去廣東工作了，我也找不到人談這件事。滿肚子的怒火燒著燒著，憤怒的柴逐漸燒沒了，反倒是有種心酸又委屈的感覺漸漸湧了上來。

我和兒子住在同一個屋簷下，每天見面是基本的，也時常一起吃飯。

他從想要辭職開始，一定也有過一段猶豫期，然後才下定決心，但是這麼重大的事情，他一次都沒有想過要和我商量看看。我這個媽媽在他心裡算什麼呢？我是不是根本不重要？他是不是根本沒把我放在眼裡？

年紀大了以後，睡眠品質本就不如以往，那晚兒子不滿的表情和強硬的口吻反覆在我腦海中播放，讓我更是難以成眠。

翻來覆去一整晚，隔天早上，我想著兒子會不會先來和我道歉？也在想，我該怎樣才能讓他明白，不找工作是不行的？怎麼說才能讓他理解我的苦心、照我說的做？我心神不寧了半天，吃早餐時還一直望向他房間的方向。結果呢？兒子睡到十點多都還沒起床，根本沒有來吃早餐，後來幾天也差不多都是這樣。

他說不再去上班，不找工作，就真的沒去了，整天都待在家裡。之前每天看他早早起床，我送走他以後開始做家事、看自己的書、做自己的事，已經成了習慣，現在每到早上可能九點、十點，看他還沒起床，我心裡就開始天人交戰：要不要把他叫起來？可是他又不用上班，前一天可能也很晚睡，常常晚上十一點多我要去睡覺了，他還在客廳看電視。我跟他說：「不要忙到太晚，早一點睡，對身體比較好。」他會跟我說好，但是半夜我起來上廁所，通常都會看到他在房裡，電腦螢幕還亮著，可能在工作或什麼的。我問他：「這麼晚了怎麼還不睡？」有時候他可能就臭著臉收一收去睡覺，有時候他會裝作沒聽到我說什麼，理都不理我。很晚了我也不想跟他吵，就又回去睡我的。他前一天這麼晚睡，我九點、十點把他叫起來做什麼？

但說實話，每天都看到他作息這麼不正常，我很擔心他的身體。也擔心他這樣，怎麼和朋友互動？怎麼交女朋友？而且他常常中午起床以後，吃完飯就坐在客廳看電視，有時候一看就是一下午。我想到我自己退休後都還去學這個學那個，他才二、三十歲，正是應該在事業上積極打拚，去闖盪出一番人生成就的時候，結果白天他不是睡覺就是看電視，不然就癱

不是誰先道歉，誰就丟臉沒面子，我很清楚，
在和他起衝突的時候，我很不快樂！

在沙發上滑手機，一直在浪費時間、浪費生命。我又想到以前那些親戚講過的「一輩子沒出息」的人，越想越慌，覺得怎麼可以這樣。

趁著他吃飯，或是在客廳的時候，我忍不住就會想勸他，想念他，但這樣念只是讓他很煩而已。剛開始他還會敷衍我說「嗯」，後來我每次再講這些，他就當我是和尚念經，根本不理我了。

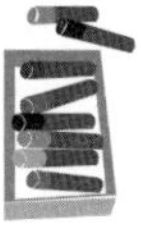

年輕人常常抱怨長輩們雜念，什麼事情都愛碎碎念，很煩。但是長輩在碎念的時候，心裡也很苦啊。看自己的孩子和親人被煩惱糾纏，晃晃盪盪找不到方向，自己卻使不上力、幫不上忙；自己的人生走過了大半，學到這麼多經驗，如果不能幫上孩子什麼忙，好像都白費了一樣。

我覺得自己從小到大都那麼疼兒子，有什麼好的都是先想著要給他，什麼事都是想著要為他好，結果他連聽都不想聽我講話；看他過得那麼頹廢，對身體又不好，也沒辦法做些什麼，我又氣、又無力、又無奈，又沒辦法不管他，我也很煩哪。

也是在那時候，我想起了我在關愛教育裡學到的內容。你明明是想對一個人好，想去愛他，為什麼搞到最後會兩敗俱傷，對方對你怨怒、不諒解，自己也氣得半死？我那時候才明白，這就是關愛教育裡面說的「對立」，我和兒子現在是在對立啊。好像拔河，兩個人站在兩邊，他要往他的方向、你要往你的方向，我們要的「贏」都不是一回事了，對方怎麼還會有心情聽你說話？

課堂上說過的，「兩個人一旦對立，就很難再靜下來傾聽對方的話，後續通常也只會衍生更大的衝突……」，老師說過的話，這時突然一一浮上心頭。我心裡一驚：是啊，我和兒子現在不就處在這個狀態嗎？我說什麼都像是在反對他，他做的事也都像是在跟我唱反調……那麼，如果按照課堂上學的，我先放下我的所有成見，試著接納他目前的狀態，試著以謙卑的心，去理解他到底在想什麼呢？

從小到大，兒子是個沉默卻乖巧，沒什麼情緒、甚至有點壓抑的人，我們通常不太知道他在想什麼。他會對我這樣吼，是不是代表他心裡也有一些情緒或不滿想要表達？他長大了，都三十歲左右了，是不是就因為我一直擺出監督者、管理者的姿態來對待他，所以他有點煩躁，不想再被這樣管了？

我開始冷靜下來慢慢思考，我和他的對立，其實是源自於我希望他符合我的標準，也就是我心裡認為的正常。因為我從師專畢業後就一直在教書，每天都準時上下班，過著穩定的生活，對我來說，這就是正常的生活，沒有出門上班的就不太正常。而且宅在家的工作作息也不正常，我也不能接受這個。

但是……這個社會上那麼多人沒有準時上下班，他們在家做各式各樣的工作，我也從來沒有覺得他們有什麼不好啊，為什麼是我兒子的話就不行？我好像非常非常在意那個「正常」，但是「正常」的定義是什麼？只有我想的這些才是絕對正確的嗎？這會不會只是我自己內心的一種執著？我其實是有點害怕他會變成我從前看過、聽過的那些沒出息的人，但是在家工作就會變成沒出息的人，這個連結是不是有點過頭了呢？想到這裡，心裡其實就鬆動一些了。

我又想到，兒子決定這麼大的事之前都不跟我說，是不是不把我放在眼裡？但這個邏輯是對的嗎？與其說我氣他不尊敬我，感覺上……好像難過的成分更多。我身為媽媽，卻不能成為他依靠的對象，這讓我很受傷，而不是我真的想生他氣。而且想想，平常我們抬頭不見低頭見，吃飯、聊天等互動都滿好的，他明明就滿孝順的，為什麼我非得把他在氣頭上說的話放大檢視，還不斷擴大解讀呢？

他是我親愛的孩子，我比誰都愛他，他現在的觀點是和我不同，
我不能因為這樣，就排斥他、否定他！

原來不是他不尊重我，他要氣我，他不懂事、不會想，是我直覺的、武斷的，帶著我自己成長經驗，甚至可能有點自以為是的判斷在激怒我自己。

我也聽過一些親友說，為什麼我沒有錯、我是想為孩子好，結果還要我先讓步、先示好，搞得我自己好像很卑微的樣子？我覺得絕對不是誰先接納對方，誰就丟臉沒面子。因為我很清楚，在和兒子對立的時候，我很不快樂；在我忍不住想對他碎碎念的那些日子，我心裡很苦，充滿了擔憂和無力感。

他是我親愛的孩子，我比誰都愛他，他現在的觀點是和我不同，我不能因為這樣，就排斥他、否定他啊！而且，他現在等於是自己從頭創業、從頭摸索，他的壓力可能也很大。我是想關心他，而不是想來給他更多壓力的啊！

這樣想完以後，感覺內心好了很多。我覺得學習真的是一件很棒的事

情，因為我學過「關愛教育」這一套概念，所以這個時候我對自己的言行思想更有意識，更能察覺到問題所在。就好像我練了一套功夫，然後有一天我發現在某個情況下它很適合使出來，我可以不再總是被情緒和直覺帶著走做出反應，而沒辦法好好聽他說話。

但是，能夠處理好情緒，不被情緒帶著走是一回事，價值觀的不同又是另一回事。我其實還是有點在意他辭職做網路購物這件事，所以我打算要再找時間好好找他聊一聊。

我找了一天，特別買了很多食材，打算做一整桌他喜歡吃的菜。在廚房裡準備的時候，我問兒子：「今天媽媽要大展身手，一個人忙不過來，你可不可以來當我的幫手啊？」他放下他的電腦過來以後，我就拜託他洗菜、切肉之類，兒子問我肉要切多大塊？要怎麼切？我邊教他邊請他幫忙試湯的味道。

就在這種輕鬆的氣氛之中，我試著不帶批判，只是單純好奇地問他：「你現在做這個網路購物，實際上是要做什麼，你可不可以也說給我聽聽看啊？」他講了一堆什麼下線、分潤、被動收入，老實說我有聽沒有懂，但感覺兒子也是很認真做了功課、好好思考過的。我就聽他講，感覺他做這些事有他的規劃，我多少也安心了點。

一桌好菜上桌，我們兩人坐下來慢慢享用。我邊夾菜給他，邊問他：「目前一切還順利嗎？」兒子看了我一眼，好像在衡量什麼，但可能是他感覺到我是真的想要多了解他的狀況、想聽他說吧，他慢慢告訴我：「我雖然覺得我賣的產品很好，但是別人不知道啊。現在網路上的競爭這麼多，沒有人來買我的東西，我這邊就沒有收入……」我聽著聽著，發自內心地感慨：「做這個真不容易耶。」兒子輕輕嘆了口氣說：「對啊，真的不容易。」我馬上問他：「有沒有我可以幫上忙的地方？」兒子想了想以後告訴我：「那像妳以後要用的化妝品和保養品，就找我買好了。家裡的東西，家用和電器也都可以。」我當然是馬上跟他說：「那有什麼問題，可以啊，媽媽全力支持你！」我們都笑了起來。

這頓飯快結束時，我把話題帶回自己始終有點在意的事情。我問他：「上一份工作感覺滿好的，也都沒聽你怎麼抱怨，怎麼一下子說辭就辭啦？」兒子這才有些忿忿不平地說：「之前那個老闆想要提高業績，不斷在加重大家的工作，進去以後工作時間越來越長。我不想做到爆肝，被他一直壓榨，薪水也沒有比較多啊。我想要有多一點自己的時間，可以做自己的事，才會來做現在這個。」我慢慢地點著頭：「你這樣講也是有道理。」接著我盡量平緩地說：「但是你先斬後奏，連跟我商量都沒有，我那時候覺得我好像有點不被尊重，有點傷心耶。」兒子看著我，認真地我是想做他的助力，不是想做他的阻力。

說：「因為我知道妳會擔心啊。我就是想把事情都搞定了再告訴妳，想說這樣妳也可以放心一點。」

原來兒子心裡是很尊重我，又怕我擔心，才會用他的方法把事情先處理完。聽到他是這麼想的，我覺得心裡安慰多了。

我還是會擔心，可是我會告訴自己，要放手讓兒子用自己的方式去嘗試看看，我就做我能幫上忙的事情。雖然我這個人臉皮比較薄，但還是有找機會問一些真的很親很熟的親戚或朋友：「妳們有沒有需要化妝品、保養品，還是家裡用的什麼東西？我們家老大現在在做網路購物，他賣的東西還滿好用的，我們家都有在用。妳們如果有需要的話，他可以幫妳們買。」當然親戚朋友中也陸續有些人來跟兒子買東西了。

兒子也因為這樣，感受到我是真的想要支持他，後來常常會跟我分享他最近遇到什麼困難，或是在這個組織裡學到什麼覺得很開心。像是他之前在組織裡上過體重管理的課，他就很喜歡，和我說了不少，然後他自己也開始注重體態，不會因為在家裡工作，不用出去見人，就生活隨便、亂吃把自己的身體搞壞。他後來體態變得很不錯，我知道他會關心自己的健康，我才比較放心一點。

後來有一次吃飯的時候，我很好奇地問他：「媽媽記得你從小就不太喜歡講話，也不太喜歡和別人互動，你怎麼會想要做這種要跟人家推銷東西的工作？」兒子非常自然地回答我：「就是因為不會才想學習啊。」

哇！我滿驚訝會聽到他這麼說，這個答案讓我很欣慰，而且還有點為他驕傲。原來他也很清楚自己的弱項所在，而且很有勇氣要挑戰自己的弱點。想必在這個嘗試的過程中，他會有很多磨練和成長，比如和人溝通和互動。

我想起他小時候，和親戚打招呼，往往點個頭以後就一句話也說不出來；參加活動，別的小朋友很快就交到朋友，嘰嘰喳喳聚在一起講話，活動結束了還會交換聯絡方式，他就只是靜靜在旁邊聽別人說話……他從小在交際、人際關係經營這方面就比較弱。但聽了他這番話以後，我很清楚地感受到：他已經長大了，他有能力自己去面對他的挑戰了。

兒子看我突然愣愣地不說話，認真地接著說：「給我一點時間，我想試試看。」我拋去一個讚許的眼神，告訴他：「當然好啊，媽媽會支持你。」

我覺得這有點像……一個練功的過程。兒子練他的功，試著把他想要的「自由自在的生活」變成真正可以養活自己的工作；我練我的功，我練習用在關愛教育裡學到的方法，去更有效率地和他溝通、讓他感受到我的關心。

有時候聽到兒子說，這個月的狀況很不好，東西都沒賣出去多少，我也還是會很擔心，會想他除了吃住以外的錢都夠用嗎？會想跟他說，你出去找個工作不就沒這些問題了嗎？白天看到他就待在家裡，已經癱在沙發那邊看了兩個小時的電視，也還是會在心裡糾結「這樣真的不太正常吧？」也還是會在意他浪費時間，畢竟我的價值觀和對事情的看法沒有太多改變。

但是現在我在想碎念之前，會意識到：我說這些可以讓他感覺到媽媽在擔心他嗎？還是只會讓他覺得煩、覺得被否定、覺得得不到重要的家人的支持？好不容易他有想法、有困難的時候，多多少少會跟我提一兩句了，我說那些會不會把他推得更遠？

女兒也跟我說，哥哥本來就對跟別人互動比較不擅長，他現在知道自己的困難點在哪，想要努力，我們作為家人的總要給他一點鼓勵和時間吧？我想想也是啊。

擔心一定是會有的，做父母的總是捨不得孩子受傷難過，看他們跌跌撞撞當然會心急，可是能放下對立和自己的執著的話，就也會看到，孩子堅持走在這條路上，一定也有他自己覺得很值得、很快樂的時候。後來就漸漸能用比較正向的方式去看待兒子這段摸索的過程。

明明坦誠溝通問題就可以解決，
我們卻習慣壓抑真實想法，在面對問題的時候選擇不溝通。

而且他已經把原來的工作辭掉了，我念再多又有什麼用呢？他現在正在迷茫、承受壓力的階段，我如果因為對他的愛而去叨念他，反而給他更多壓力和挫敗，讓他沒辦法全力去衝刺。我是想做他的助力，不是想做他的阻力，所以會要求自己要去調適自己的心。

後來，我因為要在關愛教育的課堂上分享自己的體會，還有和家人相處的改變，因此更仔細地去回想我和兒子、女兒從小到大的相處，我才發現，他們生命中其實有一些難處是不斷在重複出現的，這些難處常常也是造成我們親子爭執的原因所在。

比如我女兒，她從小就對自己喜歡的事情一頭熱，耗費很多心力去做，但做完以後整個人都累癱了，反而很多緊急或重要的事情被留在後面，拖到不能再拖了才十萬火急地開始趕，然後被我和先生一直念。兒子則是從小就有迴避衝突、不喜歡溝通的傾向。對於簡單的事情，比如妹妹喜歡的就讓給她；對於複雜一點的，他有能力他就離開，讀研究所的時候是這樣，工作以後也是這樣。他不想看別人臉色、不想和別人起衝突，想迴避溝通以後對方不可預知的反應，就直接用行動表示，直接抽身離開。

我想，這可能也和他小時候回家來給我們帶時，我們對他的教育方式有關。小時候我們想要他聽話，常常直接要求他不可以做這個、不可以做那個，他在學習和世界相處的方式的時候，學到的就是這樣，意見和別人不同的時候，沒有表達的機會，只能自己吞下去。長大以後，他也沒有養成要開口好好表達自己需求的習慣。但我很擔心，他遇到什麼事情，覺得無法如自己的意就走人，萬一以後結婚、有自己的家庭了，和太太也要這樣嗎？

我後來和兒子針對這件事聊過幾次，他也沒有意識到自己有這樣的傾向，然後他也認為這可能是一個可以改變的地方。等到他交了女朋友，再後來女朋友變成了老婆，兩夫妻還是住在家裡。當生活中有一個不能隨便拋下，一定要好好溝通的人的時候，兒子對於我點出他的這一點，就更有感覺了。

現在，兒子因為媳婦和我們家習慣的不同，有些細節想要跟我溝通的時候，我會盡量先說：「喔，真的耶，我怎麼沒想到這個問題？」讓他知道我很能接受他提各種意見出來討論，讓他可以放心地講。或者當我還沒想到怎麼回應的時候，讓他先表達，我再慢慢整理我的想法。

當年孩子們還小的時候，家裡的那種溫馨及和諧是刻意維持的，就是看到先生被煩得受不了、要生氣了，趕快叫兒子女兒閉嘴、乖一點，但每個人心裡的想法和感受，可能或多或少都被壓抑了，沒有溝通的機會。學習關愛教育以後，我了解到其實人際互動、溝通都是可以學的，而且透過這樣的學習可以有很好的成效。

明明有很多事情，只要雙方坦誠溝通都是可以解決的，如果習慣壓抑彼此的真實想法，而讓孩子在面對問題的時候選擇不溝通，真的非常可惜。當我在心裡意識到這一點後，有心想要在媳婦加入我們這個家庭時建立可以輕鬆溝通的氣氛，並留心去引導兒子，果然我們相處起來大致都滿愉快的。

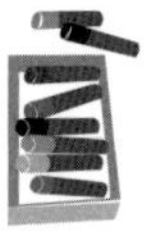

而在陪伴兒子、女兒看見不斷在他們生命中重複的問題，引導他們去解決的過程中，我看見最多的，其實是我自己的問題。

比如我追溯孩子們從小到大的成長過程，發現我和孩子起衝突的一大不用一直強撐著，我是有很多依靠的。
人在確知自己有後援的時候，反而會勇敢很多。

部分原因，不是我真的受不了或看不慣他們的所做所為，而是我發現先生快要生氣了，我下意識很想避免那些嘶吼、動手打人、小孩哭喊的場面，那其實是我在害怕。

2003年SARS那時候也是，整個社會氛圍、電視、新聞……都對這個還有未知的疾病有太多揣測和不安，那時候學校裡一些外籍老師的會話課、朋友之間的聚會等等都停止了，日常生活在一點一點分崩離析，可是平時引以為傲的邏輯、理性全部都沒有用，沒有人可以告訴我怎麼做才是正確、安全的。我突然就陷入了很大的焦慮不安之中，而我發現，真正不安的是我心底那個小女孩。

那種自己珍視的日常生活逐漸崩潰，自己卻完全無能為力的恐懼感，瞬間把我帶回五、六歲時：我很弱小，我什麼都做不到，我只能聽著爸爸打媽媽，看著媽媽不知道跑去哪裡，而我怎麼找也找不到，無助極了。

小時候的無助和現在的無助重疊，然後腦子開始不斷強化、重複這個連結，有些瞬間我甚至會忘記自己早已是兩個大人的媽，早就不是那個脆弱無助的小孩了。一旦被那個無限延伸的恐懼抓住、吞噬掉，就會因為恐懼變得更沒辦法冷靜下來看待事情。

好在，我有練功夫的，現在的我可以保護我心裡那個小女孩了，我學了關愛教育。當我不再那麼容易被心裡那些我還弱小、無助時形成的連結影響；當我可以擺脫自己的恐懼，好好地站在孩子們的立場理解他們，我心裡的那些瘡疤就慢慢癒合了。

從前，我當媽媽很多時候當得很累，很大部分是因為我的母親，她既是我童年安全感的來源，也是我為人母以後無法跨越的大山。在我心裡，好媽媽就是這樣的：為母則強，一肩可以擔起全家的大小事、家人的生計，還能把兒女都護在自己的羽翼之下，保護得好好的。

當先生因為接行政職、因為去外地工作不在家的時候，我也就很自然地把全家的大小事都扛起來，覺得兒女的問題都是我的問題。練了「關愛教育」這門功夫以後，我反而學到，一味的剛強不是真正的強。比如女兒要出國讀書的時候，我要開車送她去搭飛機、陪她辦留學的手續，她有行李和寵物要顧，我也怕臨時有什麼事，但又覺得讓先生特別從廣東飛回來很麻煩他，在要自己扛下來還是麻煩先生回來一趟的拉鋸中，我選擇了後者。但先生根本沒有抱怨，很自然就回來陪我處理了這些事。

那時候我才突然發現，原來不用一直強撐著，我也是有很多依靠的。人在確知自己有後援的時候，反而會勇敢很多，就有點像……知道天塌下來也會有人和自己一起撐著的感覺吧。

另一方面，勇氣除了是因為知道有人在陪伴自己以外，也有可能是因為能真切地理解到，自己已經不再是從前面臨某些狀況時無助的自己了，有能力用其他的角度來看待事情。

後來，母親先過世，我和先生一起回去看父親。從前那個在我印象中講話像打雷一樣響、動不動就念我或是打媽媽，曾經讓我很害怕的爸爸，已經是個有點駝背、講話客客氣氣的老人，我幾乎沒辦法把眼前的老人，再和那個兇巴巴的爸爸完全聯繫在一起。

我甚至想起，在我上小學前，雖然是僅有的幾次，但爸爸也曾經帶我去鎮上。他身上的錢不多，可是當我第一次吃到肉羹麵，覺得好好吃的時候，他便笑著問我：「要不要再吃？」我說要，他就馬上再點一碗給我。他也曾經疼愛過我。

我還想起長大以後，媽媽曾經和我說過，哥哥姐姐們剛出生的時候，爸爸也曾經是一個顧家又疼小孩的好男人。也許當時朋友邀他去賭博，他一開始贏了錢嚐到甜頭，心裡也曾經想過，要是可以發大財，一家大小就可以過得更好，媽媽和他就不用辛辛苦苦守著那幾分田地做得要死要活。然而他不知道，最初的甜頭只是引人沉醉的陷阱。當他一頭栽進去，輸了大把錢財的時候，個性強硬的媽媽不會安慰他，可能更讓他感覺到自己的難堪和一無是處。這時候只有外面那些會撒嬌的女人哄他，他就這樣迷失

我們長大了，有更好的方式可以面對問題，
所以不必再讓過去的錯誤繼續傷害自己。

在溫柔鄉之中，一步錯、步步錯，最後和自己原先想要讓一家大小過得更好的願望背道而馳。

身為父親，他在孩子們的生命中是失職、缺席的，這是無法改變的事實，但是現在的我，能夠多少去理解這樣的一個人，而不再只用他是打媽媽和兇我的壞人這種片面的角度去看待他。

而他曾經帶給我的恐懼，也在慢慢地消解中。

我可以很明確地感受到，我練了一套很好的武功。無論是在和子女有衝突、對自己身分應負的責任感到疲憊、還是對化解童年陰影，我都已經能夠找到更好的方式去面對。

我終於可以和心裡那個曾經弱小又無助的小女孩一起驕傲地說：「我們長大了，我們有更好的方式可以面對各種問題，無論是什麼樣的事情，都不會再如此輕易地傷害到我們了。」

當在國外的女兒有天傳訊息告訴我，我的陪伴和信賴，讓她能夠度過許多一個人在國外茫然不安或壓力巨大的時刻，那時我和我心裡的小女孩，都有了釋然又滿足的笑容。

延伸思考

人際溝通講師、身心靈工作者　羅志仲

文中的淳安，小時候是個家暴目睹兒，不只在目睹爸爸打媽媽時會感到恐懼，每當家暴結束，媽媽離家出走了，她也會升起另一股恐懼：「媽媽不見了。」

這兩股恐懼一直跟著她，哪怕她後來長大了，念了師專，從事教育工作，在教養自己的孩子時，這兩股恐懼還是如影隨形跟著她，左右她的教養方式。

例如，只要看到丈夫對孩子生氣了，淳安便會無意識地介入，本意是想避免更大的衝突發生，這極可能是受到當年爸爸打媽媽的影響，她想保護「弱者」（當年想保護媽媽，現在則想保護孩子），但她無意識地介入，反而常激起她與孩子的衝突。

而當年「媽媽不見了」的恐懼，亦常複製在她與孩子的相處模式中，例如，她會這樣跟孩子說：「你這麼不乖、不吃就算了！媽媽不管你了，我要出門了。」這也造成孩子的恐懼。

淳安是故意這樣做的嗎？當然不是。結婚時，她對自己也有期待：要給孩子充足的愛，讓孩子快樂成長，自由發展。沒想到日後卻事與願違，這是因為：小時候的淳安受傷了，除非長大後的淳安能去看見，並且療癒受傷的小淳安，她才能不再帶著童年的傷，將原生家庭的互動模式複製在新生家庭裡。

文中還有一個有趣的細節：孩子到了某個年紀後，會常回答「不要」，大人稱之為「叛逆期」。然而，這真的是孩子的叛逆期嗎？或是大人的應對所致？

細觀文中所述，淳安會常用「好不好」的句型與孩子說話，像是：

「爸爸媽媽在忙，小聲一點好不好？」

「趕快把飯吃完好不好？」

「聽完這個故事就睡覺好不好？」

「好不好」是在徵詢對方意見，照理說，對方可以說「好」，也可以回答「不好」、「不要」。但許多大人在使用「好不好」這個句型時，心裡其實是不允許孩子說「不好」、「不要」的。這很顯然是一種「不一致」——內在與外在的不一致。大人自己明明在表達時不一致，卻將孩子回答「不好」、「不要」貼上「叛逆期」的標籤，孩子豈不無辜？

大人的表達其實可以更一致，如果心裡並未要徵詢孩子要或不要，不妨將問句改為肯定句，像是：

「爸爸媽媽在忙，小聲一點。」

「趕快把飯吃完。」

「聽完這個故事就要睡覺了。」

這也是親子溝通時可以留意的小地方。

擁抱真實的我，再一次長大

王資豪

文／王子維

明了自心的問題，是需要認真觀察的。而這種觀察，應始於一個正確的見解。而這正確見解的來源，最可靠的是學習聖人之學。

《希望・新生》心之勇士35

從頭認識自己的內心世界——我所說的和我想的、做的，
是否一致？我的情緒從何而來？這些情緒是我真實的感受嗎？

「注意左邊，開槍！」我盯著電腦螢幕，一邊用語音通話指揮隊友，手心和額頭都微微冒汗。玩了十幾年，槍戰遊戲還是這麼刺激。

「再抓一個，中了！資豪不錯喔，這麼久沒玩，還是一樣強！」

「謝啦，我明天還要帶學生，先下線了，有空再揪大家一起玩。」摘下耳機，關掉遊戲畫面，一瞬間，我從置身在炙熱沙漠碉堡裡的持槍士兵，變回現實生活中的資豪老師。

對現在的我來說，「打遊戲」是工作之餘和老朋友聯繫感情的休閒活動，但十幾歲的我，可沒有這麼理性。當時我沉迷的程度，就像被名為「電玩」的巨獸吞噬一樣，看不清楚身邊的人、控制不了自己的行為，就這樣度過了幾乎整個學生時代……

上小學前，我是個純真憨呆的小屁孩，差兩歲的姐姐，早早感受到長輩重男輕女的態度，對我有點冷淡；我最要好的玩伴，是住在附近的堂弟，我們兩個好像有心電感應，我在想什麼，不用說他就能知道。雖然爸

爸媽媽工作忙碌，但也不忘撥出時間陪我。負責顧孫的爺爺奶奶，則是對我疼愛有加。

「乖孫啊，看你要吃什麼，筆在這裡，你自己把它圈起來，」奶奶遞給我超商傳單，上面滿滿的食物——科學麵、奶茶、餅乾……我全都要！圈完後，奶奶會叫媽媽出門採買，不到一小時，家裡就會出現一箱箱我想吃的零食。

這段被長輩捧在手心的童年時光，在我還沒好好享受、還沒意識到要緊緊抓牢時，就突然結束了。

我就讀的國小，距離我家後門只有十七步。但這十七步，卻打碎了我

無憂無慮的童年。

小學低年級的考試科目只有國語、數學兩科。姐姐和堂弟，永遠考滿分，兩科滿分就是兩百分。我也和他們一樣讀書考試，離兩百分，卻總是差了那麼一點點。

「資豪，你這次考第幾名？」每次考完試回家，爺爺都會關心我。

「198分，只錯兩題喔！我兩科99分，第十五名！」

「哎唷，你姐姐都考第一名，你怎麼考第十五名啦？」

爺爺的回應，像一盆冷水朝我潑來，「怎麼會這樣？」錯愕、驚訝、不甘心……未滿十歲的我，開始認真讀書，一次、兩次、三次……但不管怎麼考，我從來沒考到兩百分。

小學六年，我最好的名次是第五名。

「爺爺、爺爺，我考到第五名了！」比起低年級的198分，這次我更期待爺爺的讚美。

「你弟弟考第二名、你姐姐考第一名，啊你考第五名，那以後怎麼當老師、做醫生？」聽到爺爺的回答，這次，我不再感到不甘心，而是覺得心裡有什麼東西破碎了……

我努力讀書，離「好成績」卻總是差那麼一點，總是不被長輩認可。但在電玩世界就不一樣了——我認真打遊戲，「好成績」就會出現，網友的稱讚隨之而來。

「小朋友，你反應很快，打得不錯喔！要不要跟我們組隊？」玩到後來，甚至有出社會的大人邀我組隊比賽。某年暑假，我打到台中市排行榜第一名，而且稱霸整整兩個月。當時我心想：「全台中第一名！我姐姐、我堂弟都做不到，但我做到了！」

我不只玩射擊遊戲，策略、RPG……只要班上同學有玩的，我都會玩，而且每款遊戲都玩到全班最強。考試得不到的第一名，在電玩世界實現了！於是我越陷越深，一直想著：「讓我打電動……給我零用錢……我

媽媽對我的關心從沒變過，對我的照顧和疼愛始終如一，
是我自己打造一襲堅硬的盔甲，把她的關愛阻擋在外。

要買裝備……」

其實爸媽完全禁止我玩電動，為了繼續玩，我訂半夜兩點的鬧鐘，強迫自己起床。幾個禮拜之後，生理時鐘真的被我調整成功。從小學到高中，我被爸媽逮到的次數不到十次。爸爸為了抓到我半夜玩電腦的證據，他拍照記下電腦、電線、滑鼠的相對位置，早上起來比對是不是有被動過。但我也不笨，會記得復原爸爸的擺設，還會準備冰毛巾，隨時準備幫主機降溫，應付爸爸的突擊檢查。這樣「貓抓老鼠」的劇情，上演了好多年。

全身心投入玩電動，不只花時間，也很花錢。玩技術型遊戲，我可以花時間練功升等。但面對「課金型」的遊戲，我需要花錢買裝備才能變強。

「我要當第一名，全部都要第一名！」但爸媽從來沒有給我零用錢，我更不敢開口向他們要錢儲值遊戲點數。

開不了的口，壓抑不住的念頭，讓我做了影響我往後數十年人生的大事——偷錢。

第一次偷錢，是小學二年級，最初是偷五十、一百元。當時的我知道偷錢是不對的行為，也知道這些是爸媽辛苦工作賺來的錢。幾次之後，我和自己約定：「這是最後一次，不要再這樣子做了！」

心裡知道不對，但我就是停不下來。一再打破和自己的約定，隨之而來的挫折感與自我厭惡感，幾乎把我淹沒。我沒辦法面對自己，更沒有臉面對爸媽。

「資豪啊，今天在學校過得怎麼樣？」吃飯時，媽媽一如往常地關心我。

「……」我不敢看媽媽，怕她發現我閃爍不定的眼神。

「週末有想去哪裡玩嗎？還是爸爸帶你去逛街？」看到我低頭扒飯，爸爸嘗試換一個話題。

「不要問了啦！」我不敢跟爸爸聊天，怕不小心洩漏深埋在心裡的偷錢祕密。

我越不講話，爸媽就越積極找我聊天，我只好敷衍他們，空洞地聊著我完全沒興趣的話題。雖然生活在同一個屋簷下，和他們的心理距離，卻漸行漸遠，他們對我的關心變成難以承受的壓力。

在爸媽面前沉默的我，心裡想的是：「一個偷錢的壞孩子，怎麼有資格接受爸媽的關心呢？」

小學三年級的某一天，在偷了兩千元後，我再次跟自己說：「不要再這樣做了。」但沒幾天我還是再犯了。放進口袋的兩千元像鉛塊一樣沉重，我倒在床上望著天花板，嘆了一口氣，心裡冒出一個我從沒聽過的聲音：「唉，也許我就是一個控制不了自己的人吧。」頓時，我覺得輕鬆了不少，心情也沒這麼差了。

從那天開始，我變成班上最吵鬧的問題兒童。

我心想：「老師叫我乖乖坐著，我就偏要站起來。叫我安靜，我偏要吵鬧，我才不要照著大人說的話做，我就是個不受控制的小孩，所以才會不受控制地去偷錢。」

我在家裡越來越沉默，在學校卻是越來越吵鬧。我家離學校只有十七步，小學中年級開始，老師每個禮拜都來找爸媽談我的學習狀況，但面對在家不說話、在校狂講話的我，爸媽也束手無策。

升上國中，班導師建議爸媽帶我去大醫院檢查，這是我第一次聽到「過動」這個詞。媽媽立刻查詢大醫院的門診，不到一個禮拜，我就坐在精神科診間裡了。

重新找回自己的「原廠設定」——我會變成現在這樣，
是成長經歷形塑的，並不是我本來的面貌。

「醫生，我的小孩到底是不是過動兒？」

「王太太，很遺憾，你的兒子已經錯過判定是不是過動兒的黃金時期，所以在醫學上，不能確定他有過動症，只能吃藥看看能不能改善。」

「哇，我沒救了……」聽到這裡，我原本懸著的心，變得像鉛塊一樣，一路沉到南極的冰層裡，被寒冷包圍，又冷又僵硬。

我開始服用精神科開的藥，過動傾向的確獲得控制。但服藥後，整個人變得遲鈍、安靜，可以一整天不說話。藥效退去後，則變得更暴躁、沒耐心，好像有一把無名火在身體裡燒。這時候，我會拿著爸爸的球棒和高爾夫球，在庭院亂揮。

「我是廢物嗎？為什麼我要吃藥才能和正常人一樣生活？」我不知道要對誰生氣，只能用力拋起高爾夫球，揮棒。

「哐啷！」

鄰居家的玻璃好像破了，但我不在意。

「我要吃藥一輩子嗎？」我再度揮棒。

這次高爾夫球好像擊中了路邊的車，那又怎樣？我好生氣！我要打破東西！我要發洩出來！

結果我到考大學前才停止服藥，總共吃了五年。

向房客收租，是家裡的收入來源之一。從小二開始偷錢的我，越偷膽子越大，國一的某一天，我偷走了房客繳的五萬元。

爸爸花了好幾天看監視器抓小偷，那幾天我內心煎熬、輾轉難眠。受不了這種精神折磨，我在汽車後座鼓起勇氣向他坦承：「錢是我偷的。」我看不到他的表情。當下爸爸沒有說話，我更不敢出聲。

回家停好車，爸爸向全家人宣布：「小偷抓到了，就是王資豪！」說完就要打電話報警。奶奶阻止爸爸：「不要搞成這樣，讓資豪罰跪認錯吧。」

「好啊，你去跪，跪在門口！」爸爸氣到聲音發抖，這是我這輩子第一次，看到爸爸流眼淚，他不可置信自己竟然教出會偷錢的小孩。

我爸爸一直是個嚴以律已的人，深怕在外人面前留下不好的印象。從小學一年級開始，他就不斷告誡我：「要把自己顧好、把家庭顧好，然後還要做得更多，做一個對社會有貢獻的人。」我看過一張我小時候的照片，我穿著西裝外套，手握毛筆，抬頭挺胸坐在書桌前。那是爸爸心目中「理想兒子」的樣子——端端正正、文質彬彬。開始上學後，如果他覺得我作業的字太醜，他會把整頁作業撕掉，要我重寫；犯了錯，他會用棍子打我，打得比學校老師還用力。

但在爸爸這樣「高規格」的管教方式之下，我竟然還是偷了錢，而且一偷就是好多年！

我在家門口跪著，眼睜睜看著爸爸向左鄰右舍宣傳「我們家出了一個小偷」。一臉沮喪的媽媽，在一旁不知所措，她沒有阻止爺爺奶奶當眾打我，也沒有阻止爸爸去向鄰居放送我的錯誤，也沒有叫我起身。那個令我印象深刻的晚上，我卻記不得是怎麼結束的……

震驚情緒平息後，大人們清點損失，發現我從小二到國一，偷錢的金額竟然累積到四十萬！才國一的我，根本無力償還。媽媽要求我用拖地來抵債：「你自己去算一下，外面請工人來拖地，一次是多少錢？」從此我每週拖地，但我心裡知道——不管拖多少年，我都不可能還清這四十萬。媽媽會要我拖地，是覺得這個偷錢的兒子已經「沒救了」，媽媽已經放棄我了。所以拖了一兩年，爸媽沒有再盯著我，「拖地還債」這件事也就不了了之。

對不起說了好多遍、罰跪也跪了、地也拖了、眼淚也流了，但我還是

我們因為害怕失去，為了防止自己感到失落，就把父母推開，
其實我們心底渴望著和他們相處。

脫離不了電玩遊戲，只是改玩不用花錢的。

高中時，我曾鼓起勇氣主動向媽媽提偷錢的往事，媽媽只淡淡地說：「過去的事情就算了吧。」她沒有想深談的意思，讓我感到很受傷，我覺得媽媽心裡一定沒有放下這件事，她說的「算了」，是覺得我沒救了所以「算了」。

開始偷錢後，我就像搭上一列無人駕駛的火車，我不知道我的暴躁情緒、我的過動傾向、我的偷錢衝動，會帶我去哪裡。上課時，老師說的話和課本上的內容，就像車窗外一閃而過的風景。爸媽對我的關心，都被我隔絕在車窗外，他們拍著窗戶想要關心我、和我說話，但我都聽不清楚。就這樣渾渾噩噩地上了大學。

雖然我已經是個十八歲的大學生，但八歲開始偷錢這件事，仍是我揮之不去的陰影。

身處一兩百人的課堂中，我總會感到莫名的不安：「這裡人好多，也許其中有人知道我是『偷錢的壞小孩』……」、「會不會有人跑來傷害我？因為我做錯事了活該被懲罰……」

這樣的念頭時不時浮現，讓我沒辦法平心靜氣地待在教室裡。大一的微積分，我總共只去上了三次課。其他科目也因為我坐不住、無法長時間集中精神，而學習成效不彰。

雖然在課業上載浮載沉，在生活中，我卻在茫茫大海中看到了希望——我加入了福青社，遇見社團的袁君老師，老師彷彿跳上了一直以來只有我獨自搭乘的失控列車，試圖要幫我拉下煞車桿。

袁君老師看出我需要幫助，協助我找心理諮商，諮商後我的狀況稍微穩定了一些，大學這幾年相處下來，我感受到老師是真的關心我，是可以讓我信任的人。畢業後等當兵的空檔，老師建議我參加福智教育園區的培力營，老師說：「那是可以去找答案的地方。」

在營隊中，我從基礎開始學習佛法，更重要的是，從頭認識自己的內心世界——我所說的和我想的、做的，是否一致？我的情緒從何而來？這些情緒是我真實的感受嗎？我長大的過程中，經歷了哪些事件，影響現在的我？

在回溯自己生命歷程時，我觸碰到人生至今最令我介意的事：過動症。我問法師：「我的過動怎麼來的？」那時有一位營隊老師就說：「是不是跟偷錢有關係？」法師回：「對，就是這個。」法師帶領我找出自己變得「不受控制」的源頭，我找到了小學三年級那一天，偷了兩千元後，在我腦海裡響起的聲音——因為我要合理化自己難以抑制的偷錢衝動，所以各方面的行為都越來越脫序。

找到原因後，我感到安定了一些，但偷錢的陰影還是沒有散去。我再深入探究，發現是因為我卡在「爸媽沒有原諒我，他們已經放棄我了」這個想法裡。法師說：「不要擔心，好好跟爸媽道歉，就可以了。」我想解決問題，但高中試圖跟媽媽聊的時候，她不想多談，現在我更不知道要怎麼向爸媽開口。

三個多月後，媽媽來園區接我。跟法師道別時，法師看著我說：「還沒，還沒喔。」法師做出數鈔票的動作，用手指比了4、0。

「現在就要嗎？」

「對呀，不然等什麼時候？」

我深吸一口氣，對媽媽說：「有件事，我要跟媽媽道歉，因為我覺得這件事情，我很對不起媽媽……」

分辨感受從何而來，才能真正做出選擇，
而不是讓過往經驗牽動情緒反應。

面對一臉困惑的媽媽，我繼續說：「從小我們家裡什麼都不缺，小時候跟同學玩也都很開心，可是後來因為有很多問題我沒有去面對、去解決，所以我就躲到虛擬世界裡，偷了爸媽一堆錢。我還因此放棄自己，讓自己變成一個爛人。國中、高中、大學，我都得過且過。爸爸媽媽這麼辛苦工作，給我這麼好的條件，結果我……我卻這樣……真的很對不起爸媽，我要跟媽媽道歉。」

話還沒說完，媽媽就哭了，她邊流淚邊抱著我說：「媽媽不是跟你說沒關係嗎？我那時候就跟你說沒關係，你怎麼又想這個啦？」

從媽媽的眼神中，我感受到她是真的很關心我，不想看到我痛苦、煩惱的樣子。我這才意識到，原來媽媽說的都是真心的——從國中被發現偷錢，我第一次道歉，到高中我再次道歉，一直到現在，媽媽對我的關心從沒變過，對我的照顧和疼愛始終如一，她從來沒有放棄過我！是我覺得自己很糟糕、是壞孩子，自己打造一襲堅硬的盔甲，把媽媽的關愛阻擋在外。

「媽！」我心中的冰山融化了，化成這些年隱藏著沒有對媽媽表達的感謝和愧疚之情，但此時的我，嘴上卻說不出話，只是流著淚和媽媽擁抱。

更神奇的事情發生了，自從和媽媽道歉後，我不再害怕到人多的講堂內上課，那股害怕被注視、害怕有人在我背後指指點點的不安感消失了。我的過動症，在那之後幾乎可以說是不存在了。從小學到大學，那列無人駕駛的列車終於停了下來，我找到了我自己，找回自己人生的方向盤，我終於從那列火車下車了。

我重新找回自己的「原廠設定」——我會變成現在這樣，是成長中的經歷形塑的，並不是我本來的面貌。過去我一直用「不是我自己的」方式活著，其實很累。常常不知道自己為什麼會這麼做、為什麼會有這樣的想法。經由練習，我能夠透過觀想，回到過去某個情境，去陪伴、去修復當時受傷的自己。

因為追溯自己的記憶並修復，讓我重拾失落已久的父子親情。

我的爸爸是一位代書，不只擅長幫客戶解決問題，更是「文武雙全」——他會修水電、修電腦、會打高爾夫球、桌球，而且寫得一手好書法。所以從小我就很崇拜爸爸，覺得他就像超人一樣，而爸爸也很疼愛我。

在我兩、三歲的時候，爸爸在客廳看電視時，會把我抱到他的腿上，我的小手摸著爸爸的鬍碴，我笑，爸爸笑，媽媽在旁邊看著也笑了。這是我印象深刻的幸福時光。

但隨著我越長越大，我和爸爸卻漸行漸遠，父子關係在我小二偷錢之前就出現了變化。我一直很困惑，不知道為什麼會變成這樣。直到我「找回自己」，終於發現源頭！

三歲的某一天開始，爸媽會突然消失大概兩個禮拜。我不知道爸媽消失的原因，只能一直等待他們回來。我還記得和姐姐在客廳看卡通，每到廣告時間，我就會一直往門外看，看是不是爸爸回來了，我一直看、一直看。

這樣的日子持續了一年多。很久以後才知道爸爸那時候得了腦膜炎，還一度腦部感染陷入昏迷，差點變成植物人。他們應該是不想讓小孩擔心，才什麼都沒有告訴我們。

我不怪爸爸隱瞞病情，但當時一無所知的我，對爸爸的消失充滿疑問：「爸爸去哪裡了？」「爸爸為什麼一直不回來？」每次爸爸完成療程回家後，都會想抱抱我。我本來很喜歡在爸爸身上爬來爬去，但從爸爸去治療之後，我變得很不想親近他。

透過觀想，我重新思考當時為什麼會和爸爸保持距離？原因浮現心不會因為單一事件就爆炸，是從小到大累積很多小小的事，變成一個隨時可能被觸發的炸彈。

了——因為我等太久了，久到我以為爸爸再也不會回來了，我很愛爸爸，太害怕失去他，所以我開始收回對爸爸的感情。我害怕全心全意等待他回來，卻怎麼也等不到的巨大失落感。

我的幼小心靈選擇建立起保護機制，防止我感受到失落，但也阻擋了我和爸爸的交流。從那之後，我和爸爸一直有種奇怪的距離感。我很想跟他黏在一起，像我三歲以前那樣，但我又不敢親近他，一直覺得有隔閡。我很難坦然接受他對我的關心，也抗拒他的擁抱。

這種彆扭的關係，像卡在喉嚨裡的一根刺。爸爸又是屬於傳統的大男人，他總是把自己的情緒藏得很深，也不太和家人說心裡話，所以我沒辦法像和媽媽道歉一樣，跟爸爸敞開心扉談話。

於是我透過觀想，一個人在房間裡，閉上眼睛，慢慢的我看到房間裡有一個抱著娃娃的小男孩，那是三歲的我。

我問小男孩：「資豪啊，你會不會覺得一直等爸爸回來很累？」我一問，小男孩就開始哭，二十幾歲的我也哭了。我們兩個哭了很長一段時間。

「我跟你說喔，其實我也覺得，一直等爸爸回來很累。」小資豪瞪大眼看著我，我繼續說：「但你有沒有發現，爸爸消失一段時間後，總是會回來。而且在長大的過程中，我做了很多壞事，但爸爸看我的眼神，從來都沒有變過。」

小資豪想了想，突然哭了出來，哭完之後他笑著說：「對啊，爸爸也很無辜，他只是生了病去住院，我們卻因為這樣就把他推開了。」

我拉著小資豪的手，溫和地說：「還滿可惜的，對不對？爸爸一直很愛我們，但我們卻因為害怕失去，就把爸爸推開。其實我們很渴望和爸爸相處，你看小時候跟爸爸玩得多開心！我們多崇拜他！」小資豪笑著點頭。

做完這個觀想，我走出房間，回到現實世界，我和爸爸之間的隔閡感就消失了，回到小時候可以跟他撒嬌的、開玩笑的親密氛圍。

在心裡消弭了和爸爸的距離感後，我看得更清楚了！我看見從小時候爸爸就很關心我，而且始終如一。

從小學偷錢後，我就一直迴避和家人相處。爸爸不像媽媽，會來房間找我，試圖跟我談心。他用他自己的方法，表達對我的關心：

「資豪，我們去逛百貨公司，買一點衣服鞋子。」

「我不要。」

「來啦，走啦走啦！」

國中以來，這樣的對話反覆出現，到最後我覺得煩會生氣地拒絕。最後就是爸爸媽媽和姐姐三個人出門。

離家上大學後，我覺得終於自由了，難以承受的家人關心，我可以躲得遠遠的了！所以我久久才回家一次，媽媽三不五時會打電話或傳貼圖問我什麼時候要回家？爸爸則很少主動跟我聯絡。但我發現，每次回家，他事先都有所準備。

「爸我回來了。」

「喔。」

「沒什麼事我先上樓了。」

「那個……二樓櫃子上面的新衣服是要給你的，還有一雙鞋。」

「我不要。」

「蛤？那個衣服不錯耶……」

「不用不用，夠了啦！」

大學時代的我常常蹺課、總是心不在焉、排斥思考複雜問題，當時的我覺得，接受了爸爸買給我的新衣新鞋，就等於是答應乖乖聽他的話，我才不要！我討厭爸爸這種不明說的條件交換，好沉重的負擔。

《大學》：「所惡於上，毋以使下；所惡於下，毋以事上。」

儘管如此，每次回家，爸爸都還是會準備東西讓我帶走，而我也依舊拒絕他。

直到重新回顧和爸爸的相處，我才看清楚，當時的爸爸和我讀國中時的爸爸，都只是單純地想對我好。而且那些衣服鞋子，是平常很有威嚴的他，自己去挑選去購買的。光是想像爸爸一個人在商店拿著年輕男生的衣服，想著「不知道這件兒子會不會喜歡」，我就覺得既感動又愧疚。當時的我，累積了太多對爸爸的負面情緒，胡思亂想之下就屏蔽了他一直發送過來的關心訊號。

還好現在重新開始還不晚。

現在的我，不會再拒絕爸爸送的新衣服。我很開心很乾脆地收下，享受爸爸用他的方式給我的愛。

「爸，謝啦，這件很不錯喔！」

「喔……喔。」

不善表達的爸爸，好像有點驚訝，但沒有多說什麼。現在我回老家，會穿上爸爸送我的衣服，和他一起出門走走。

退伍後，我成為園區的老師，帶國中班。

我因為從小有過動傾向，根本沒辦法好好上課學習。高中時，某些課我甚至沒辦法看著課本上課，因為我覺得看著課本，我更容易分心。

身為「資深問題學生」，我常被老師個別輔導，有比一般同學更多的時間跟老師相處。其實大部分教過我的老師，我都不討厭，因為我感受到他們特別關心我，不是惡意刁難我。而且我會故意問老師奇怪的問題，喜歡看他們思考時的苦惱表情，高中的我心想：「老師真是不可思議的生物啊，我以後絕對不要當老師，神經病才當老師。」

結果我的人生在參加營隊找回自己後，發生了翻天覆地的改變。應該說我在營隊中找到了原本的自己，繼而引領我走向我本來應該走的路。

我決定當園區老師，一方面是認為，我從「疑似過動」走到幾乎痊癒的這個經歷，可以幫助我同理和我有相似困境的孩子；一方面也想希望藉由陪伴孩子，重新認真活過我渾渾噩噩虛度的青少年時光。

開始陪伴國中孩子們成長後，自我覺察、思考、引導、給予關懷，逐漸成為我生活中的一部分。

我從總是需要爸媽擔心的過動兒，到讓爸媽沮喪哭泣的偷錢小孩，再到現在，變成可以和爸媽共同成長的兒子。

但坦白說，要和爸媽一起改變並不容易。

我印象很深刻的一件事，發生在我剛開始嘗試用不同方式和他們互動的初期。

當時我正在服兵役，一兩週回家一次。媽媽關心我：「好玩嗎？」我已經不是以前那個會排斥跟媽媽聊天的兒子了，所以我分享營區的生活：「還不錯啊，因為很操，所以下課的時候，大家都會去投販賣機，才十分鐘就把飲料全都買光了，超好笑的！」媽媽卻皺眉說：「你們那些人怎麼整天都在喝甜的？」我很不開心，我不過就是聊個天，媽媽怎麼這麼難聊？一開口就數落我。這場聊天於是不歡而散。

「難聊事件」不久之後，我又休假回家，這次我邀請同梯弟兄來家裡玩，媽媽剛好有事要出門，我們在門口簡單和她打個招呼，就上樓玩牌

不要害怕思考，不要害怕挑戰框架，重點是看見自己的心，
知道自己想要什麼，活出自己原本的樣子。

了，當天她回家後，很兇地質問我：「你難道不知道，不能隨便帶陌生人上樓嗎？」我心裡很不舒服，媽媽用反問語氣，好像在指責我明知故犯。我已經是個成年人了，在這個家生活了二十幾年，也當了兒子二十幾年，如果我一開始就清楚知道「不能帶客人上二樓」，我還會這麼白目去踩紅線讓媽媽罵我嗎？

我越想越生氣，氣到回營。但我在部隊裡冷靜後，將曾學過的方法拿出來運用，練習分析自己的感受——遇到事情，我的情緒反應，是來自於當下眼耳鼻舌身接觸到的外在環境？還是因為連結到更深層的過往經驗而有所觸發？

我生氣的是媽媽當下對我開罵，還是我其實在氣的是，媽媽這種「反嗆」的說話方式？我像在做實驗的科學家，提煉出我的情緒，過濾雜質，分辨出感受從何而來，我才能真正做出選擇，而不是讓過往經驗牽動情緒反應。

但和媽媽的相處出現問題，只從我這邊修補還不夠，我要連媽媽這邊的問題一起修好！

兩週後的休假，我提前跟媽媽約好，在一家餐廳見面。會約在餐廳，也是因為我學過，如果在家裡談，感官會投射過往在家裡累積的回憶，讓我們要談的「感受」本身，變得更複雜。

雖然我和媽媽比和爸爸來得親密，但要開啟這種「心靈層面」的話題，還是有些尷尬。

「媽，我想跟妳說啊……妳有時候跟我說話的方式，讓我覺得……不太舒服。」我不太敢看她的臉，繼續說出想和她討論的衝突點，盡量以平淡的口氣，先描述事件，再解釋我為什麼會有這樣的感受。我要做的並不是責備，更不是要求道歉，而是想和媽媽一起探索「為什麼會這樣？」

我引導媽媽換位思考：「我們來想像一下喔，假設今天換成是妳跟外公外婆聊天，妳想分享有趣的事，他們卻說：『有時間講這些有的沒的，不趕快去寫作業？』妳會有什麼感受？」

媽媽想了想，「嗯……好像會不太開心，不知道要怎麼繼續聊下去。」

我和媽媽說我不是玻璃心，不會為了這個單一事件就爆炸，而是從小到大累積很多小小的事，變成一個隨時可能被觸發的炸彈。現在我有能力去「拆彈」，所以想藉這個機會，和媽媽一起把這股氣排除掉。

而談到媽媽責備我帶軍中同袍回家裡玩的事，我說：「妳的目的如果是要教育我的話，妳可以好好講，但為什麼要用那種奇怪的口氣和說話方式呢？」

「我就是這樣啊，我怎麼知道？」媽媽反射性地豎起防衛心。以前的我，可能到這個階段就放棄溝通了，但我現在會想辦法繞個彎，避開衝突熱點，繼續往問題的核心前進。

我嘗試和媽媽聊她的爸媽，也就是我的外公外婆。

媽媽想了很久之後說：「以前外公外婆講話方式就是直接用罵的，根本就沒有機會給人家解釋。我跟你說話的方式，跟外公外婆比起來，已經很好了。」

我問媽媽：「所以妳知道外公外婆，為什麼要用這種方式跟妳說話嗎？」

媽媽又是那一句：「我怎麼知道？」但口氣明顯軟化許多。

記得《大學》中曾提到：「絜矩之道」，如果不喜歡上位者的某種行為，就不要再用同樣行為對待他人。反之，如果厭惡下級的某種舉動，也不能以相同行為去對待上面的人。

仔細地觀察媽媽的內心後，我終於明白，媽媽並不是故意要責備我，而是她無意識地沿襲了外公外婆的教養方式。她和外公外婆並沒有討論過彼此的心理狀態，他們只是針對當下發生的事件，下意識地做出情緒反應。

我想通了，如果媽媽理解外公外婆為什麼會這樣對待她，那她一定不坦誠地向爸媽打開心門，他們了解了我為什麼難過、生氣，於是會去思考，自己的行為對孩子造成什麼影響？

會用同樣的方式對待我。因為我知道媽媽一直是愛我的，她不會想要故意惹孩子生氣，把孩子越推越遠。

外婆教育媽媽的方式很傳統，從來沒有人鼓勵她自主思考，沒有人鼓勵她去問「為什麼」。和爸爸結婚後，媽媽成為一位家庭主婦，與其說是家庭主婦，不如說是王家的萬能賢內助。她協助我爸工作，帶大我和姐姐，奶奶叫她做的事，她幾乎毫無怨言地接下來，並且盡力做到最好。如果有一個「最稱職媳婦獎」，媽媽應該能拿第一名。但她有因此自豪及開心嗎？

她自己也給不出肯定的答案。

三四十年下來，她努力當個好女兒、好媽媽、好媳婦，但沒有想過「為什麼我要這麼做？」她當媳婦二十幾年來，其實受了不少委屈，但她沒有想過其他的可能性，只是默默忍受、繼續做下去。

我看了覺得很心疼。所以想鼓勵媽媽不要害怕思考，不要害怕挑戰框架，重要是看見自己的心，知道自己想要什麼，活出自己原本的樣子。

一開始媽媽有些排斥思考，我可以理解，畢竟她依照別人畫好的路徑活了這麼多年，雖然不是百分之百的開心，但也還過得去。按下「改變」的啟動按鈕，面對未知，多少會產生不安。

但我沒有放棄，繼續鼓勵媽媽重拾她被壓抑已久的好奇心，帶著她去分析事件的前因後果，引導她去思考「真的是這樣嗎？」、「還有別的可能嗎？」

漸漸媽媽以往自我束縛的「好媳婦」、「好媽媽」框架，稍微鬆動了，我感受到她開始「做自己」，這件事是她成長歷程中，沒有人鼓勵她做過的。而她也開始去看一些我推薦的書，更願意去嘗試一些抽象的、概念上的思考練習。

目前我還沒有帶著爸爸做這樣的練習，因為要爸爸放下「大男人」的面子去談自己內心的感受，還需要更多時間。但奇妙的是，爸爸會偷聽我和媽媽的對話，用自己的步調慢慢改變。其實我有感受到爸爸開始調整自己對待他人的方式，知道爸爸正在前進，我就很開心了。

讓爸媽願意「動起來」改變的契機，我覺得是我的坦誠。

過去十幾年，我雖然住在家裡，但我封閉內心，不和爸爸媽媽分享自己的想法，也把他們的關心拒於千里之外。他們越是想敲門，我就把心門鎖上。

直到我主動向爸媽打開心門，將我的感受、想法、期待，全部攤開讓他們知道。光是「看見」，就足以發生改變——爸媽知道我為什麼感到難過、為什麼生氣、為什麼開心，於是他們會去思考，自己的行為對孩子造成什麼影響？

因為修復了自己，也體會爸媽對我的愛從來沒有消失，所以我有把握在他們理解了我的內心世界後，他們不會刻意做我不喜歡的事情來傷害我，而且在我先分享後，他們也開始願意回頭檢視自己過去的作法，也去覺察自己的心。

在傳統「上對下」觀念中長大的爸媽，願意因為孩子的改變而跟著改變，我想是因為他們「為了讓我更好」，所以願意和我一起重新踏上改變之路。

現在我依然在園區當老師，偶爾有空時，還是會打電動。但現在的我，已經不需要靠虛擬世界裡的排名來證明自己。比起大學時期，我更喜歡往家裡跑。

「爸，上次我學生說他們去逛了新開的市集，感覺很好玩耶，我們也去看看吧！」

「媽，我真的很喜歡妳滷的豆乾，我下次回來，妳還要再滷喔！」

媽媽笑著說：「吼呦，都幾歲了，還會撒嬌，還要叫爸爸帶你出去玩。」

我也笑了：「我就是這樣啊，還不是妳生的。當你們的小孩很開心，我要一直當下去！」

延伸思考

人際溝通講師、身心靈工作者　羅志仲

生命中的許多陰影與創傷，並不會隨著時間流逝而消失，而會繼續殘存在我們的身心系統中，一直左右著我們日後的情緒反應、人際關係與行為模式，除非我們能真正去面對。

本文中的資豪，以回溯的方式，回到小時候，和自己對話，進而打開心結，與自己和解，這是非常了不起的。這需要對自己絕對誠實，也需要真誠敞開內在，直視自己內心深處最脆弱的那一塊。要做到這點，需要有十足的勇氣與翻轉自己人生的渴望。也因此，資豪得到了最大的回報，不只與自己和解，也與家人和解了。

無論生命中曾發生什麼「壞事」，我們永遠有機會改變它。不是去改變已經發生的既定事實，而是去改變它對我們的影響。小時候，我們可能無力改變自己的人生處境，但在長大後，我們可以選擇為自己的生命負責。

生命有你，長夜有光
陳採集
文／陳聖綸

一個小小孩，也在用他所有的能力感知這個世界、判斷這個世界，他也很想把他的觀點告訴給大人，他也渴望大人能夠傾聽。可是大人都忙著做什麼呢？提醒他們，教訓他們，讓他們聽話，辛苦地為小孩付出著。可否在某個時間，尊重一下小小生命的看法，讓他們在成長的時候不要感到那麼壓迫？那他們以後也許就不會那麼叛逆了。

《希望・新生》心之勇士 145

「不要對立」，或許我不認同先生和兒子的行為，
但我也不能看不順眼就衝出來指責。

牆上的電視放送著教育頻道的聲音，我坐在客廳的地板上，看著正值三歲天真無邪的兒子，笑容滿面地向我展示他最愛的機器人，兩隻小手一邊操控著機器人使出華麗招式，一邊以不太流利的中文複誦電視裡的台詞。

聽到一半，我忍不住指向電視螢幕，以中文引導他：「順恩，這是弟子規！跟著媽媽說一遍，聖人訓，首孝弟……」

順恩馬上奶聲奶氣地重複：「聖、人、訓。」

「妳不需要這麼做，這個問題我們討論很多次了，兒子根本不需要學中文。」先生一如往常地提醒我，在這個家不需要教孩子中文，把英文學好，融入當地生活圈，對兒子更有幫助。

本該是溫馨的親子時光，因為先生的介入，氣氛變得有些尷尬。

我知道，在妻子的身分上，增加一個母親的角色，已不再像從前只需要經營好兩人世界。但我從沒想過，針對兒子未來教養的想法，竟漸漸成

為我們兩人之間的一道鴻溝。

承襲父母的願望，我與先生結婚後便移民到澳洲展開新生活。雖然同為馬來西亞華僑，但先生自小學習英文，和家人也都以英文溝通，在這樣的教育背景下長大，尤其此刻我們又身處澳洲，他認為中文對兒子往後的人生，不論是工作、學業都起不了什麼作用，強烈反對我送兒子去學中文。

我不以為然，我們身為華人，中文是我們的母語，遑論學習儒家思想、《弟子規》等經典，對塑造善良人格、高尚品德都有極大的助益。我相信讓兒子從小讀經、背書，將會提升他日後是非對錯的判斷能力，並對性格產生由內而外的正向影響，我希望兒子成為一個善良、負責任、懂得長幼有序的人。

我尊重先生的想法，但也想請他尊重我的想法。

於是我回應：「我也說過了，我教兒子學中文，是想讓他理解古人智慧，懂得孝道美德。相信我，讓順恩學習中文不是一件壞事，先讓他接觸看看。」

「不需要！」先生語氣強硬。

我堅定地表明立場，「因為你沒學過中文，所以你根本不明白學中文的重要性，以後順恩找工作可能有用啊！」

我們沉默地注視著彼此，誰也不肯退讓。原本正在玩耍的兒子，感受到氣氛突變，有點惶恐地看向我們兩人，我察覺兒子害怕的情緒，於是深吸一口氣，放棄對峙。

更令人煎熬的是，跟先生教育理念的分歧，只是造成我情緒壓抑的冰山一角。

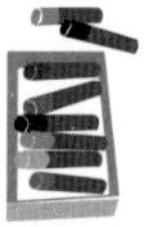

兒子出生不久，我便罹患了憂鬱症。

懷孕這件事，對我的身心造成莫大的衝擊。那時候我還在適應移民的陌生環境，努力克服語言障礙，這個突如其來的新生命，一度讓我無法接受。

我感覺到身體變差，生產過程也不順利，生產後的大血崩，使我流了三公升鮮血，有那麼一瞬間進入昏迷，我以為我會死，這種痛苦與恐慌，推我沉入深淵。

我的情緒越來越不穩定，焦慮、煩躁、易怒……彷彿世上所有負面情感，都被扔到了我的體內，而我只想逃離這一切。

我不能面對孩子，我認為他是造成我痛苦的根源，之後整整一年，都

我忘了傾聽孩子的聲音，擅自給予我所認為的關心，
一股腦地要求孩子照著我的方式生活，無形中將他推遠了。

是先生擔負起照顧孩子的責任，餵奶、換尿布、洗澡，我只是遠遠看著，只要孩子一哭，我就感到不耐煩。

產後的憂鬱和工作壓力接踵而來，缺乏時間消化的我，時常莫名哭泣。到醫院複診時，產科護士發現不對，勸我去看心理醫生。但我想看醫生有什麼用？真的要讓心靈得到解脫，應該要學佛法才對吧？可是先生並不願意陪我去學佛，我也就放棄了。

然而，我不能一直不履行母親的職責，身心的問題還沒得到解決，孩子一歲後，我就開始接手照顧兒子，此後，我和先生甜蜜愉快的婚姻生活，也產生了一連串的爭吵。

我是一個管教型的媽媽，我堅信制定規則才能教出品德優良的好孩子，因此我設計了時間表，讓孩子按照表定時間背誦經文，先生卻抱持完全相反的觀點，覺得會造成孩子過大的壓力，他認為西方自由派的教育，才能讓孩子在快樂的童年建立自己的興趣與自信。

意見相左的情境，同樣發生在餐桌上，兒子吃飯時將食物掉在地上，我厲聲提醒，希望他不要再犯，「媽媽打掃很辛苦。」

「妳太嚴厲了，孩子還這麼小，吃飯難免會散落一地，再整理就好了，幹嘛對孩子那麼嚴格？」先生皺眉制止我。

「我教兒子遵守規矩，難道不行嗎？」我氣先生說這樣的風涼話，照顧孩子的是我，打掃家裡的也是我，我和先生的工作都忙，沒有誰比較輕鬆，他愛護孩子，難道就不覺得這會增加我的負擔嗎？

確實現今的母親大多是開放式的家長，任由小孩手抓食物，吃得到處都是，但她們是她們，我是我，我就想孩子從小建立良好的習慣。

然而這種對立的場面一再發生，像是兒子常常不把玩具收拾好，我要求孩子好好歸位時，先生又跳出來了。

「沒關係的，我可以幫忙，我們先做給他看，慢慢地他就懂了。」在先生眼中，兒子年紀小即是一張免死金牌，收拾玩具只是家長的舉手之勞。

我瞪著先生，忍不住提高分貝：「你不要幫兒子做這些，他本來就應該學著自己做。」

久而久之，兒子產生了一種錯誤認知——有爸爸保護，媽媽就不會這麼恐怖，每當有類似的狀況發生，他就會趕緊找爸爸求救，看向我的眼神則帶著困惑與害怕，這讓我既挫敗又難過。

我只是想教育孩子啊！為什麼到後來，全變成我的錯？

最令我難過的，是兒子四歲那年發生的一件事。

那天我排了夜班，白天我和兒子單獨在家，兒子卻突然問我：「媽媽，妳怎麼不去上班？」

我愣住幾秒，反問他說：「你很希望媽媽去上班嗎？」

兒子毫不猶豫地點頭，看著他的反應，我感到非常受傷。

為什麼我的孩子會希望我不在他的身邊？難道我是一個很糟糕的母親

嗎？我生你這麼辛苦，你為什麼會不喜歡媽媽？

我不可自拔地又陷入負面情緒的漩渦，不斷地想從生活中各種片段，找出兒子愛我的證據。

而我的渴望，卻差一點成了壓垮我和先生婚姻的最後一根稻草。

許久不見的弟弟從馬來西亞來探望我，我們就一起到墨爾本市區走走。

天氣炎熱，燦爛的陽光照耀著街道，我們在廣場上走著，沒多久便汗如雨下。

小孩子口渴，先生買了一杯冰鎮的飲料給他，杯子冒著微微的寒氣，

陷進不被在乎和不被愛的感受，讓我無法控制自己的情緒，
不由得站到了與孩子對立的那一邊。

看起來特別誘人。

先生買飲料的時候，我沒有開口要求，但我心裡有所期待，期待兒子問我：「媽媽，妳要不要喝？」

會吧？孩子都是愛媽媽的，他喝到剩一點，一定會想起我。

然後，我眼睜睜地看著兒子一飲而盡，連問都不問我一句。

看著他喝光最後一口飲料，我感覺對他的愛、對這個家庭的付出，就像那杯冷飲，一點一滴被他們消耗殆盡。

我崩潰地朝著兒子大吼：「你們怎麼會這樣！為什麼都沒人想到我！」

所有人都被我的爆發嚇住了，廣場上人來人往，頓時都停住了腳步，朝我們這邊看來。

先生錯愕又難堪，第一時間先安撫兒子的情緒，皺眉對我說：「不過是一杯飲料，妳有必要這麼小題大做嗎？如果妳想喝，我可以多買幾杯給

妳。」

先生冷淡的言語令我更加惱怒，「我才不需要什麼飲料！我只是希望兒子能夠學會孝順，時刻想到父母、懂得念恩，為什麼你們就是不懂？」

先生真的無法理解，他認為我在無理取鬧，旁人的注視令他感到難為情，低聲地說：「妳夠了，不要再鬧了。」

「對啦，對啦，都是我在鬧啦！」我氣到胡言亂語，「你再這樣下去，只會養出一個不知感恩的小孩！」

先生被激到和我當街吵起來，淚水朦朧中，我看到兒子畏縮地躲在爸爸的大腿後面，露出不安的眼神，那一刻，我的心被刺痛了。

理智深處我清楚知道，這不是兒子的錯，說到底，他也不過是個七歲的孩子，這個年紀的小孩，順從心中的渴望喝光飲料，並不是什麼十惡不赦的大罪。

但我就是無法控制自己，我覺得自己是一個可笑的存在，兒子和他爸爸站在一邊，而我站在另外一邊。

不被在乎和不被愛的感受，此時此刻一擁而上，我毫不顧忌地在廣場中央嚎啕大哭。

旁觀了所有經過的弟弟後來私下對我說：「姐，我覺得妳問題很大，建議妳去學關愛教育。」

關愛教育？什麼是關愛教育？

這些年來，每跟先生有大衝突，我都會找弟弟訴苦，並在弟弟的建議下，開始學習《廣論》。弟弟說，許多家庭和我擁有同樣的困擾，因為學習《廣論》改善了家庭氛圍。

生活中，先生總是指責我英文不好，把所有家務都丟給我做，我跟先生的相處就像陌生人般，沒有想過自己會有問題，我所做的一切都是為了小孩好啊！就連指責他沒有分享飲料，也是因為打從心裡愛他，希望他能多想到媽媽一些。

弟弟給了我一個提醒……所以我，還有挽救的機會嗎？

「上課？妳為什麼還要去上課？」先生聽到我的想法，第一時間就是反對，他本來就不贊同我去學《廣論》，一來不高興我帶兒子去讀經，他作為英文背景成長的天主教徒，如今又在澳洲生活，認為我浪費太多時間在無用事物上。

我和先生解釋了我希望上這個課程能夠幫助孩子，先生沉默片刻後，對我說：「如果妳上完課能夠不罵小孩，那我覺得妳可以去上看看。」

我答應先生：「我會好好上。」

不知怎地，我心裡有股預感，關愛教育能夠改變我和家人的關係。

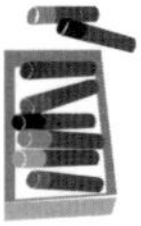

我們夫妻的教養方式是不同，但對於孩子的愛，
我們從來都不是對立的。

我常常想，絕不做一個像我母親一樣的媽媽。

我小時候的印象裡，爸爸和媽媽常常在吵架，一些雞毛蒜皮的小事他們都能吵到天翻地覆。

父親不太管我們三個小孩，有吃有喝就好，管我們的都是母親。但母親的管教非打即罵，稍一頂嘴，母親的巴掌立即揮過來——母親在氣頭上，誰都不能反駁，連父親也不行。

當母親和父親吵架氣怒到極點時，她竟拿出一把菜刀指著我們，眼中透露的絕望令人心驚膽顫。

母親惘嚇我們說：「我不想活了！」

我們三個小孩抿著嘴看著眼前這荒謬的一切，卻是誰也不敢逃離。

最後也不知道是怎麼活下來的，如果那天母親拉著我們自殘，我也不意外。然而母親只是在椅子上砍下三道深深的痕跡，咚咚咚的三聲，好像砍在我心上，之後母親就消氣回房間了。

而那三道刀痕，成為了我童年裡揮之不去的陰影。只要和父親吵架，母親就會升起想自殺的念頭——「我不想活了，我想早一點死掉。」

最初聽到母親說這種話，我總是很害怕，也不明白該怎麼勸母親。所幸母親只是嘴上說說，從來不曾付諸行動。她說，她很想要跟父親離婚，但想到我們三個小孩，她不能把我們留下來，自己一個人走。

母親表達她很愛我們，可是我感受不到啊，我覺得母親都將她的情緒撒在小孩子身上，特別是對我，家裡唯一一個女孩，這個不准、那個不准的，門禁時間到了就要回家，我在外頭朋友那麼多，交友情況還受母親管制，我氣都要氣死了，想儘早長大，遠離母親的嚴酷管教。

我不懂為什麼父親老是惹母親生氣？我也不懂為什麼母親要這樣對我們？可慢慢的，我就麻木了，我學會以冷漠面對父母的爭吵，我學會以謊言對抗母親的管教，並且想盡辦法找到外地的工作機會搬出去。

我沒想到我對自由飛翔的渴望，像是一把利刃，在母親的心上割下血淋淋的傷口，她無法不管我，但看著我的眼神彷彿帶著痛苦與失望，「妳就是一個不懂感恩的人、一個沒良心的人。」

可到頭來，我還是成為一個和我母親一樣管教型的媽媽，會下定決心去上關愛教育，不單是想為我的婚姻、親子關係再做一次努力，也是我弟弟和我說：「不要讓妳的小孩跟我們一樣。」

成長過程中，我是三個小孩裡最讓父母頭痛的那一個。相較於我，弟弟沒做過什麼讓父母擔心的事，也不會惹父母生氣，卻和母親關係十分疏離，母親向我抱怨：「妳弟弟都不常和我們說話、聊天，好像把家裡當旅館。」

弟弟不是沒有遺憾，他彷彿在我的小孩身上，看到了過去的影子，「不要讓他長大後變得和我們一樣，已經不懂得怎麼和爸媽相處。」

弟弟的一席話深深觸動了我，如果我不改善和家人的關係，那我的小孩未來就會走上和我相同的路，想到這裡我便心痛不已，更加堅定改變的決心。

接觸「關愛教育」十五堂課，令我省思許多。

並不是說我上完了十五堂課，就馬上理解關愛教育的所有內涵，和家人和解。但我先學到了「不要對立」，或許我不認同先生和兒子的行為，但我也不要看不順眼就衝出來指責。

一開始真的很難，看到兒子上廁所又不沖水時，我第一個反應就是罵人，「順恩——」

「媽媽，什麼事？」兒子噠噠噠地跑過來，見到我站在馬桶前，立即

感情不是自然而成的，不能不培養，
透過相互尊重體諒才會漸漸增長。

閉緊了嘴巴，雙手扭在一起。

那些已經到嘴邊的罵人的話，又教我吞了下去，心中的怒氣仍在不停翻湧，我說了多少次，不要隨便亂尿、不要造成媽媽的麻煩，沖個水到底有多難？為什麼他就是不做？

但我都說了那麼多次，他還是沒做到……是不是有什麼原因？

我壓抑怒火，問道：「順恩，剛才是不是你使用廁所？」

「嗯。」兒子點點頭。

「那你上完為什麼不沖水呢？」

可能是第一次媽媽沒罵人，還會問原因，兒子大膽起來，說：「媽媽，不是我不沖水，而是馬桶沖水的聲音好大聲喔！我覺得好像有東西會從裡面跑出來，我會怕。」

我一愣，想到以前我罵他的時候，他曾跟我說：「媽媽，妳要我沖水可以，如果妳可以陪在我旁邊，我一定會記得沖水。」

當時我很不高興，覺得兒子太麻煩，「媽媽很忙，怎麼有時間每次都在你身邊呢？」

沒想到兒子是因為害怕，才要求我的陪伴，而我的忽視和責罵，讓他至今為止承受了多少委屈？

我突然就理解了關愛教育教導的內容——是察覺自己的情緒，也是嘗試理解對方的角度，不再一味地以自我中心出發，忽略自己在乎的家人。關愛教育不僅推翻了我根深蒂固的價值觀與思維，更讓我在生活中，開始懂得以溝通重新建立與先生、兒子之間的情感連結。

曾經有法師來到澳洲講課，看到了我的小孩，那時法師對我說了一句：「妳的小孩很苦啊！」

我當時不懂，滿是疑惑地說：「他哪裡苦？有吃有穿，生活無虞。」

等到我學習關愛教育後，回想起過去對待孩子的態度，我才明白法師話裡的真意。我的孩子雖然不愁吃穿，但一個華裔的小孩身在一個不同文化的國家，所經歷的挫折是我所不了解的，而作為母親，我沒有體貼他、關心他，甚至還責怪他帶給我的麻煩。

我還記得，兒子五歲那年，剛剛進入小學一年級不久。他是一個很愛說話的孩子，每天都會分享他的所見所聞，那天他一回家就跑來跟我說：「媽媽、媽媽，妳看！同學把他們吃過的糖果放在我的口袋裡，我的口袋黏黏的。」

兒子並沒有生氣，像是陳述一件日常小事般和我報告，但我一聽就爆炸了，一方面是驚訝怎麼這麼小的孩子間會有相互欺負的行為，一方面覺得煩躁，沾染了甜食的衣服那該多難洗啊！

我不悅地指責兒子：「同學欺負你，你連這種事都不知道要跟老師講嗎？」

說完我毫不客氣地換下兒子的褲子拿去清洗，從頭到尾兒子只是傻傻地看著我，沒有哭，也沒有鬧。

往後的日子我每每想起這段故事，總會為那個想得到母親關注的五歲小孩感到心酸。

為什麼我只想到自己？為什麼我沒有抱抱他呢？

要說我不愛自己的小孩嗎？有一段時間我確實這麼想過，為了生這個孩子，我身心受創，甚至因為難產差點就死了，後來接手照顧孩子又如此辛苦，造成我有諸多抱怨。其實我的孩子已經非常乖巧懂事了，但小孩日常難免有許多瑣事需要處理，而我只看到了他給我帶來的困擾，看不到我對他的愛。

法師跟我說：「妳很愛妳的小孩，妳知道嗎？」

將心比心，我想尋求快樂，所以我有了眼前的選擇，孩子也是尋求他的快樂，才會去看電視和打電動，這是同樣的道理。

同行的善友也很佩服我，因為我愛我的孩子，我為了他學《廣論》、帶他去讀經，這件事是很不容易的。為了讓孩子去讀經，我每週五上完大夜班後，只睡兩個小時，就開三十五分鐘的車載他去上讀經班，風雨無阻，長達七年。

我不希望兒子和我一樣，小時候沒機會接觸經典，特別是在一個全英文的環境，不僅不說母語，還沒能傳承華人文化裡的良善與美德。所以我陪他讀經、陪他背書，我給予他的關愛不是物質上的，卻是我認為的一些美好規矩，教導他從小造善業和累積福報，希望能讓他長大後少吃苦，一生順遂。

但我忘了傾聽孩子的聲音，忘了把愛用更柔軟的方式表現出來，我擅自給予我所認為的關心，一股腦地要求孩子照著我的方式生活，缺乏互動的結果，無形中將孩子推遠了。

幸好一切都還來得及。

幸好我想起來，關愛我的孩子，遠比什麼都重要。

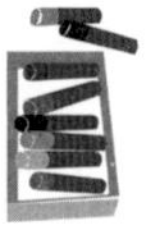

自從我開始控制我的脾氣後，我和家人的關係也明顯改善。可總有失去理智的時候，我本來就是一個個性比較強勢的人，要不然也不會成年後就搬到新加坡獨自生活。

有幾次我又情緒失控，對兒子大小聲，兒子已不再是那個懵懂無助的小男孩了，對於暴走的媽媽，他也會不滿，但溫柔的他只是錯愕地看著我，不會頂嘴。

我彷佛又看到了從前的我自己，面對暴躁的母親，我只是保持著一貫的沉默。意識到這點，我當即感到後悔，於是試著冷靜下來，到佛菩薩面前祈求，練習由關愛教育的角度檢視我的作法。

如果我發現我錯了，我會向兒子道歉：「對不起，媽媽又隨便亂發脾氣了。」

最初兒子不敢說話，一雙眼睛直直地看著我，像是要分辨我話裡的真實性。

我認真地說：「你知道媽媽現在在學關愛教育，我沒辦法馬上做得很好，但我會努力。」

我和兒子分享，我這一身的臭脾氣是怎麼來的，從離家闖蕩，到和他爸爸結婚一起來到澳洲，因為英文不好到處碰壁……我不是想為自己找藉口，但我希望我的行為可以成為兒子的借鑑，讓他以後少走一些彎路。

「你千萬不要學媽媽，脾氣這麼硬到外面其實很吃虧的。」

慢慢地兒子聽進去了，也敢在我發脾氣的時候跟我說：「妳看啦！妳又來了！」

彷彿被潑了一盆冷水，我回神過來，「好好，我不說了，那下次你也要提醒我，媽媽就知道我毛病又犯了。」

這樣反覆地告誡自己，到後來，我確實改變不少，就連兒子喜歡打電動這件事，我都能夠忍耐下來，而不是第一時間就和兒子起衝突。

我和先生對兒子的教養向來不一致，對於小孩打電動的看法也是南轅北轍，主要我先生本身就喜歡電玩遊戲，自然不會制止兒子和他有同樣的喜好。

「沒關係，只要不會影響課業，他想玩就讓他玩。」先生說。

我還是不能接受，但我也不想和先生、兒子對立，尤其是事情還沒發生，如果我現在就在叨念「打電動不好」、「打電動會影響功課」，他一定不聽。

於是我說服自己先接納兒子的喜好，同時我也默默觀察，假使兒子真的耽溺於遊戲，影響到日常生活，我也好有根由和先生溝通，而不是打從拿掉自己武裝的盔甲，就會看見彼此相待的那顆心。

一開始就反對。

然後事情就這麼發生了。某天，兒子因為太專心打電動，竟忘記要去補習。

當一直以來擔憂的情況發生，我第一個反應不是責罵，我先穩住了自己的情緒，請兒子放下電動，出來面對面溝通。

我問他：「補習這麼重要，你為什麼會忘記？能不能告訴我原因？」

兒子想了想，回答我說：「因為我打電動太入迷了，對不起。」

我附和他：「是啊，你玩遊戲就很容易忘記時間，忘記很多事情要做。」我又問他：「這一年多來，媽媽曾經管過你玩遊戲的時間嗎？」

「沒有。」

「那我是不是給了你足夠的空間，沒有像監督官一直管你，要求你只能做這個，不能做那個？」

「是。」

透過一問一答的引導，我最後又問：「和其他亞洲媽媽相比，我是不是沒有管過你一天只能玩多少時間的電動？一天只能使用多少時間的手機？我有沒有這樣對待過你？」

兒子搖頭，「沒有，媽媽給了我很多自由。」

「今天發生這樣的事情，你是不是應該要調整一下你打電動的時間了？想想有什麼辦法，讓你的學業和休閒可以得到平衡？」即使到了這個地步，我仍不想要指責，藉機管制兒子的遊戲時間。我把決定權丟回去，讓他自己思考。

「媽媽，我知道錯了，我會好好想想，不會再讓同樣的事發生了！」兒子鄭重地向我保證。

之後看到兒子在玩手機或是打電動的時候，我會跟他開玩笑，「欸，手機跟電腦好像比較像你媽，你跟它們比較靠近。」

兒子聽了都會笑，「才沒有。」

就算不贊同，但我已經懂得尊重，不會以強迫的方式要求孩子遵守我的規則，孩子的回饋也是正向的，只要我喊他吃晚飯，不管玩得多麼激烈，他也會立刻放下遊戲出來用餐。

隨著我放下嚴格的教育方針，兒子也漸漸對我敞開心扉，敢和我講真心話了。那時兒子已經上了國中，突然跟我說：「媽媽，妳知道為什麼我從來不跟妳要錢到學校買東西吃嗎？因為妳一定會不准。」

澳洲的學校三點就放學了，因此中午休息時間學生大多是帶自家的便當去學校吃。

我通常都給兒子準備便當和麵包，搭配一種vegemite抹醬，我以為這是兒子喜歡的一種點心。

兒子從來沒有抗議，但他看見同學去買冰淇淋和漢堡來吃，也會羨慕，可他明白我不會允許他吃不營養的垃圾食物，所以從來不曾向我開口。

「我每天在食堂外看同學買東西吃，有一天同學買了一個漢堡，吃了一半吃不完，丟到垃圾桶被我看到了。」兒子輕描淡寫地說：「我就去撿起來吃了。」

兒子有次還跟我說，「媽媽，我吃過QV cream喔！。」我大驚！QV cream是擦身體的乳液啊！兒子僅是因為品名中有個「cream」的單字，就好奇地把乳液當作冰淇淋來吃嗎？這是有多麼渴望，又是多麼害怕和父母提出要求？

這些荒謬的往事，雖然兒子看起來毫不在意，我的鼻子卻忍不住泛酸。我覺得自己是一個很糟糕的媽媽，不曾關注兒子的需求，只是一再地跟他說：「媽媽的工作很累很辛苦，你不要給我惹麻煩。」

兒子也真的記住了「不要麻煩媽媽」這句話，他看多了我與先生爭吵後淚流滿面的畫面，小小的他都記在心裡，並且盡力成長為一個獨立自主的孩子。

他在意我是否快樂的那份心意，從來沒有隱藏過，
只是我過於執拗，不願承認他對我的關心。

一個如此貼心的孩子，我很後悔從前對他如此嚴厲，另一方面又感激他沒有因為父母的過錯心裡蒙上陰影，依舊長成了開朗的性子。

即便我曾犯下許多管教上的錯誤，兒子始終以無私的愛來回應我。我體悟到關愛教育不僅是對孩子的教導，更是對自我成長的一種啟發。

感謝師長引導我看到了自己的過錯，讓我還有來得及改正的機會。

我一直知道先生愛兒子的心遠勝於我，不相信佛理的他，只因為我說能改變對待兒子的態度，便同意我上廣論課、學關愛教育。

或許是我過去情緒爆發的前科累累，導致先生並不是很相信我，教養觀念懸殊的我們，始終站在彼此的對立面，而讓兒子看到父母關係不好，

對他的成長不是一件好事。

有一段時間，兒子很愛和他爸爸打小報告，只是因為我在糾正他的行為舉止，他覺得委屈，便會故意向他爸爸哭訴，說媽媽又罵他了。先生就會來問我：「妳為什麼要這樣跟他說話？」我也冤枉啊，心裡不服氣，就會跟先生吵起來，兒子看到爸爸都站在他那一邊，自然而然會不服我的管教，形成一個壞的循環。

先生曾經語重心長地跟我說：「其實妳誤會我了。」在氣頭上的我不能理解，責怪先生總是反對我，總是在小孩面前評論我。

先生說：「我沒有要跟妳爭輸贏。」

當我慢慢地從我先生的角度去看待家庭關係，才發現，先生說的沒錯，我們的教養方式是不同，但對於孩子的愛，我們從來都不是對立的。

從那時候起，我學習在日常生活方面不與我先生對立。我看不慣他邊吃飯邊看電視，也不喜歡他打電動。以前的我們早就為了這種事吵起來了，一家三口，吃飯就我一個人孤零零地坐在餐桌前，先生在看電視，小孩在滑手機，這算得上什麼一家人？

但現在我選擇不說，就像我忍耐兒子打電動直到他犯錯忘記去補習，先生就是喜歡看電視，也不是什麼大錯，我為什麼一定要強迫他跟我一起吃飯？

感情不是這樣培養的，而是透過彼此尊重體諒才會漸漸增長。

將心比心，我想尋求快樂，所以我學習佛法，先生也是尋求他的快樂，才會去看電視和打電動，這是同樣的道理。

拿掉了武裝的盔甲，就會看到彼此相待的那顆心。

先生在意我是否快樂的那份心意，從來沒有隱藏過，只是我過於執拗，不願承認他對我的關心。

四年前我宣布吃長素時，先生不高興了三天，他不認同我吃素這件事，認為營養會不夠，可他自己生悶氣過後，他會為我準備素食便當，也會注意我什麼東西不能吃。

我忙於護持上課及團體的工作，回來晚了，簡單地熱了兩道昨天剩下的素菜，先生也沒有指責我為什麼餐桌上沒有肉菜，在我抱歉地說：「對不起，今天沒有幫你們準備葷食。」他還反過來跟我道謝：「沒關係，不是每一餐都要有肉，吃素也很好。」

先生還以行動支持我的信仰，有一天他出門上班前，在門口看到一隻大黑蟲，他主動呼喚我過去，笑嘻嘻地說：「來來來，妳看，妳的好朋友來了。」

我摸不著頭緒，「我的好朋友是誰？」

先生指給我看，「就是妳不想打死的那隻蟲子啊！」

先生又說道：「如果是我，早就用吸塵器吸起來了，但我知道妳不願意，所以妳把牠帶出去吧！」

當你願意真心理解一個人，就會願意為他而改變，
愛就是發自內心的接納與理解。

先生還是覺得我對蚊蟲螞蟻不殺生、護生的行為很可笑，但他尊重我、支持我，這讓我很感動。當你願意真心理解一個人，就會願意為他而改變。

想到家裡的佛龕和裝經書的書櫃，都是先生連夜幫我製作趕出來的，還為我設想佛燈要如何擺設、經書要如何收納……母親常掛在嘴邊的那句「妳就是一個不懂感恩的人」在我腦海中迴盪，我不再覺得刺耳，而是深刻地反省。

過去我不懂得珍惜親人的溫暖、不懂得感受親人那份默默地付出，如今我已真正明白，愛就是發自內心的接納與理解、等待與陪伴。

現在我和先生對孩子的立場似乎反過來了，最近我開玩笑地對先生說：「當年我學關愛教育，答應你的事我都做到了，反而是你對兒子的態度不太好喔！兒子已經十五歲了，再以威權的方式跟他說話，小心他不理你。」

前陣子我有事得臨時回馬國探親，先生主動表示，他要請假在家照顧孩子。過去少有承擔家事的他，在我不在家的日子，徹底地把家裡大大小小的角落用心打掃了一番，現在他對於家中的整潔變得比我還在意。原先我也以為，兒子可能會趁著這段放風時光瘋狂打電動，但先生告訴我，兒子每天都認真讀書準備考試；過往由我協助打理的房間、浴室，兒子也都自己維持了整潔。曾經，我在腦海排演過無數場自己回家後，映入眼簾的場景、得收拾的狼藉，而這次我卻收穫到無比的驚喜。

不知不覺中，先生和兒子已成為我生命裡相互成長的最佳同伴。

關愛教育有一堂課，主題是「孩子是幫助我成長的貴人」。

以前我看先生和兒子彷彿在看冤親債主，每天都在跟我作對、扯我後腿。現在對照關愛教育這堂課，我發自內心地認為他們是我生命中的貴人。尤其是我兒子，如果不是他，我不會想改變自己，也不可能會接觸到佛法，並且有力量堅持到今天；先生則是讓我學會了覺察自我與反省，看到了自己的執著，和不耐煩的缺點。

儘管生活上我們仍會出現意見分歧，但有了關愛彼此的心，我相信所有的問題都不會再是阻礙。只要學習不對立、先接納，謙卑地理解對方的難處，很多事情都會慢慢改善。

感謝我生命中的兩位貴人，他們讓我看到了我自己的不足，也讓我成為了更好的自己。

延伸思考

人際溝通講師、身心靈工作者　羅志仲

人與人的溝通有許多「誤區」，有時只是因為「溝通不良」或「沒有溝通」所致。

本文中的主角採集，曾因四歲的兒子希望她去上班而深感受傷，因為她是這樣解讀孩子的話的：

「為什麼我的孩子會希望我不在他的身邊？難道我是一個很糟糕的母親嗎？我生你這麼辛苦，你為什麼會不喜歡媽媽？」

但孩子真的是這個意思嗎？媽媽並未向孩子核對。

這是個很常見的溝通誤區，特別容易發生在家庭裡，因為我們都自以為瞭解家人，而忘了我們所謂的「瞭解」，往往只是「猜測」——我們其實是在猜測對方的意思。將「猜測」等同於「事實」，誤會就會發生。

在溝通時多一些「核對」，誤會便會減少很多。

另一個溝通上的誤區，是不將自己的期待表達出來，卻期待對方理所當然要知道。

文中有個例子：兒子在喝飲料時，媽媽期待兒子會開口問：「媽媽，妳要不要喝？」但兒子並沒有這樣說，媽媽感到很受傷。

這也是個很常見的溝通誤區，尤其容易發生在家庭裡，因為我們對家人常有超乎尋常的期待，像是：「這還要我說嗎？我不說，你應該要知道！」但事實往往是：我們不說，對方真的不知道，對方只是我們的家人，並不是我們肚子裡的蛔蟲呀。

在溝通時，清楚表達自己的期待，亦可減少許多誤會。

以上述例子來說，媽媽可以跟兒子表達：「這飲料看起來好好喝，媽媽也想喝一口。」

走向天色漸亮的地方

陳怡君 文／廖雅雯

匆匆忙忙，有時會忘掉大事。稍稍放緩速度，便有餘暇注意呼吸、步伐、心態，可以有餘力隨時調整自己，應付不可預知的挑戰的到來。

《希望・新生》心之勇士008

子女自有子女的生活，如果他心甘情願，
做父母的何必插手太多呢？

年輕的時候沒想過，我這一生，要照顧四個小孩，三個是我生的，第四個，卻是婆婆的小孩，我的小叔。

我第一次看到我小叔，就知道他不是個「正常」的孩子，十歲出頭的少年，有一張圓圓的臉，扁平的鼻梁，上斜的眼睛透露出一股與年齡不符的天真，一隻手讓哥哥牽著，笑容燦爛地左顧右盼，對什麼都感到好奇。

那時我和我先生剛談了一段時間的朋友，他帶著弟弟來我家社區的游泳池戲水，一個高高壯壯的大孩子，還要人全程不錯眼地盯著，我也不覺得有異，就在泳池邊陪著聊天。那個年代啊，保守，約個會都是大大方方的，不求兩人獨處。

我先生從不隱瞞家裡的情況，我一開始便知曉他家是重組家庭，母親再婚後生下的小兒子患有先天性異常。但年輕人情竇初開，實在想不到遙遠的以後，就算我們未來是奔著結婚去的，那又如何？他的家人是家人，而我們，還是我們。

我父親早早就見過我先生和他弟弟，然而父親只說了一句：「我沒意見。」就同意了我們的婚事。

後來親戚們質疑父親：「你怎麼會讓你女兒嫁到這樣一個家庭？」父親卻不曾嫌棄過我先生，他認為男孩子看著人品好、可靠，就好。子女自有子女的命，女兒心甘情願，做父親的何必插手太多？或許是父親這種豁達的態度影響了我，我心裡也想，即便父親給我安排了個更好的對象，我不一定有那個福氣享受啊！

我唯一感到奇怪的，是幾次去先生家裡做客，都看不見他母親。

「我媽媽身體不舒服，在房間裡休息。」

但後來阿姨還是出來和我打了招呼，她看起來溫和卻不多話，坐在客廳沙發上，先生的弟弟玩著玩著就跑過去拉著她的手和她說話，阿姨淡淡地說：「好了，你去做你的事，別吵我。」

先生的家人都對我很好，但我總是待不了多久便起身離開，除了不想造成阿姨的麻煩，看到每個人都自顧自做自己的事，讓我不太適應，在我的認知裡，家人應該是和和樂樂、熱熱鬧鬧的，女孩子假日早起協助母親做家事，男孩子則跟著父親處理人際往來，親戚鄰居往來串門子，整天沒個閒。

可是在先生的家裡，縱使不知世事的少年像個稚齡孩童般又叫又跳，聲音充斥著每一個角落，這個家，還是太安靜了。

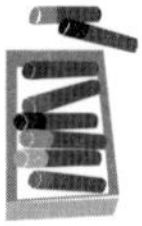

當我察覺婚姻並不如我想像中的美好，已經是結婚後的事了，就像穿著一襲華美卻不合身的衣裳，喜悅過了以後才漸漸覺得不適。

我和先生住在頂樓，和公婆家不過就是樓上樓下的距離，有獨立的廚房、衛浴，以及出入口，平常和公婆並不互相干擾。

大多時候，我和先生都過著自己的生活，明明住得這麼近，卻沒什麼互動，先生還一副習以為常的模樣，每天下班回家，也不會進婆家打聲招呼，直接就上樓來了，和我從小被教育唯父母是從的觀念大相逕庭，我不解地問先生：「都路過了，怎麼不進去關心一下爸爸媽媽今天過得好不好？」

先生一臉懵地反問我：「為什麼要？」

他進一步解釋，繼父可能還在外面跑計程車，婆婆則成天躺在床上懶怠動彈，「我們照顧好自己，不去吵爸爸媽媽，就夠了。」

我這才知道，先生和小姑都是這樣一路成長過來的。自從生下了有問題的小兒子後，婆婆就崩潰了，那時還是半大孩子的先生和小姑，不但要學著照顧自己，還要照顧弟弟，尤其是小姑，幾乎是把小叔當成自己的孩子帶大，可她，也不過大這個弟弟十二歲而已。

家人本該是最親近的人，卻因為不經意刻薄的言詞，
硬生生將彼此推遠了。

他們已經習慣了獨善其身的生活模式，就連同住一個屋簷下的公婆，三餐也是各自為政，這讓我大為震驚。

一家人不是應該同桌吃飯嗎？這樣才會同心。用餐是一件小事，卻能夠凝聚家人感情。我的記憶裡，母親每天用心烹煮三餐，我們兄妹擺好碗筷、添了飯，請父親上桌，等到父親坐定，夾了第一口菜，我們才能動筷。

父親是一家之主，撐起了一個家，為家人遮風擋雨，而母親是父親最堅強的支柱，為父親照應大大小小的瑣事，讓父親無後顧之憂。

但在這個家裡，我看到的是公公忙裡忙外，六七十歲的人了，不僅要在外開計程車掙錢，回了家，還要打理小叔的吃穿，幫小叔洗澡。

我有些不忍，但我能做的，也就是偶爾抽空去幫忙煮幾道菜，或是做了點什麼，便送下樓去分給公婆吃。而這，已經是我忙亂生活中所能盡的最大努力。

婚後幾年，孩子接二連三出生，占去我所有時間和精力，先生奔波於工作，幫不上什麼忙，孩子的事都是我一力承擔，婆家就在樓下，我卻得不到任何的援助，有時候外出，想找人照看一下孩子都無法，那種沒有支撐的茫然無處言說，久了，心裡難免不太舒服。

我那時候不理解婆婆，我們相處的時間太少了，我只疑惑為什麼婆婆有那麼多負面情緒？為什麼她好手好腳的，卻沒辦法維持一個家的正常運作？她和我印象中的「母親」形象，差得太多了。誠然生下一個唐氏症的孩子，並且要負擔他一輩子，是很難接受的事，但都這麼多年了，一直哀嘆自己的不幸，不去面對，難道事情就會不存在嗎？

何況婆婆不是一個人，有公公，和前段婚姻留下的一雙兒女，雖然互動並不親密，依然勉力維持這個家，可我也看不見婆婆對其他家人的珍惜。

先生曾經和我分享，為什麼他不願意親近自己的媽媽，他說有一次他有事無法回家吃晚餐，便打電話給婆婆報備，婆婆絲毫不聽他解釋，尖銳地回了一句：「今天不回來，那你就都不要回來！」

先生說起這件往事不帶多少情緒，但我還是從中窺見了他的受傷，先生四歲喪父，和母親相濡以沫，直到國中時母親再婚，他們本該是最靠近的人，卻因為婆婆刻薄的言詞，硬生生將彼此推遠了。

婆婆說話難聽也不是一次兩次，有一天我帶著孩子去婆家，全家人都在，小姑熱情地逗著孩子玩，姑姪倆親暱地坐在地上推著玩具車。

「哇，車車動了，好棒喔！」小姑誇張的語氣逗得孩子哈哈大笑，倒向小姑，小姑趁機抱滿懷，「給姑姑抱一下。」

孩子咯咯笑著尖叫，「不要——」

「怎麼可以不要！」小姑搔孩子癢，「要不要？要不要？」

「要——」

姑姪倆鬧成一團，我和公公婆婆面帶微笑看著這溫馨的畫面，婆婆突然感嘆地說：「還是同姓的比較親。」

我心裡咯登一下，下意識轉頭看向公公，先生和小姑是婆婆前段婚姻的孩子，理所當然和公公不同姓氏，可這麼多年來，不論是先生還是小姑，都是叫公公「爸爸」，我的孩子也喊公公「爺爺」，公公也非常疼愛我的孩子，親情早已跨越了血緣。

公公靜靜地看著小姑和孩子玩耍，似乎沒有聽到，又或許聽到了也不以為意，但他的沉默，讓我的心不禁糾結了起來。

我很想開口反駁婆婆：「都是一家人，是不是同姓有什麼關係？」

可最後，我那根深蒂固「不得忤逆長輩」的觀念，還是讓我將話又吞了回去。

看不到別人的付出和關懷，一個勁地傾倒鬱悶，
漸漸身邊的人會害怕接近他，深怕善意會換來尖銳的疼痛。

我有時候會想，婆婆究竟是有意，還是無心？

她不是壞人，她也不會故意找麻煩，但她好像放棄了生活，並且試圖將所有人往她的世界裡拖。

「我的苦都沒人知道，我一個人做到死就好。」

「都沒人理我，我怎麼那麼苦啊！」

「我不做誰做？都沒人要做！」

她看不到別人的付出和關懷，一個勁地傾倒她鬱悶的心情，漸漸地，身邊的人開始害怕接近她，深怕善意會換來尖銳的疼痛。

還能心無芥蒂靠近婆婆的，只有不知世事的孩子，但即使面對孩子，婆婆也不曾收斂。

我帶孩子出門，下樓遇到了婆婆，見到了奶奶，孩子開心地撲上前去喊她，婆婆卻酸溜溜地說：「今天心情很好喔！還會喊奶奶。」

我聽了一股火氣直衝腦門，想也不想便回嘴道：「媽！孩子喊您，您

回一句『乖呦』就好了，小孩懂什麼，何必這樣講話？您就是這樣，阿賓才不喜歡和您說話。」

阿賓是我先生，也是婆婆最看重的兒子，母子間的關係卻十分疏離。

話一出口，婆婆的臉色馬上就變得很難看，我也感到後悔不已，我後悔我說話太不客氣，對長輩沒禮貌，可在維護孩子方面，我又是不後悔的。

孩子年紀小聽不懂，但總有一天，他會明白奶奶話中的含意。

我不想我的孩子受傷，雖然心裡過意不去，仍是減少了和婆家的往來。

直到公公病倒。

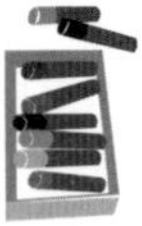

「媽媽把晚餐錢放在桌上，如果奶奶沒有煮飯，你就去買便當給弟弟妹妹吃，知道嗎？」

出門前，我再三交代老大要照顧好弟弟妹妹，但老大不過十歲左右，底下兩個孩子又更小了，雖然這些天幾個孩子都很乖巧懂事，我心裡還是放心不下。

提著一顆心，我又匆匆下樓，進了婆家，小叔一個人坐在客廳玩，我左顧右盼看不到婆婆，便問道：「阿維，媽媽呢？」

小叔頭也不抬，「在睡覺。」

霎時間一股煩悶湧上來，我不覺皺了眉頭。

婆婆的房門敞開著，一眼就可看到她躺在床上，反手蓋著眼睛，也不知道睡著還是醒著。

我輕敲房門，壓下複雜的情緒，輕聲問道：「媽媽，您身體不舒服嗎？」

婆婆翻了個身背向我，「不要管我啦，妳公公說倒下就倒下，把這個家都丟給我，我怎麼那麼苦啊！」

「媽，爸爸也不願意生病啊！」知道婆婆聽不進去，我嘆了一口氣，逕自說道：「我現在要去醫院看爸，家裡就麻煩媽了，菜我都買好了放在冰箱，缺什麼您跟我說，有時間我再買回來。」

看婆婆這個樣子，我也不奢望她能幫我照顧三個年幼的孩子，但公公住院後，我既要跑醫院，又要打理家務，家中大大小小的，竟是一刻也不得閒。生活誰還沒個不順遂的地方？家人生病了也無法，我以為我撐一下就過去了，可這段日子以來得不到半點支撐，心裡那口氣漸漸就有些憋不住了。

我忍不住勸道：「媽媽，您不要遇到事就沮喪，這個家還需要您呢，您要是也倒下了，那我們怎麼辦？」

婆婆沉默，我想她大概又充耳不聞，搖搖頭便要離開，這時卻聽到身作為母親，不管孩子長多大，我始終牽掛他們、惦念他們，會為了他們堅強起來。

後傳來一句：「那就散了吧！」

我當場愣住。

散了？婆婆的意思是讓這個家散了嗎？她不想要這個家了？

我緊閉嘴唇，害怕一張嘴，就是失去理性地質問，我深吸氣，逼回已湧到眼眶的淚水，頭也不回地走了。

這一次，我沒辦法維持表面的禮貌，只想將一切遠遠地拋在腦後。

我不曾向誰提起過那天的事，也不曾當面和婆婆探詢她話裡的真心，但我一直很難過，這件事成了我心裡的一根刺，讓我再也無法平心靜氣地看待婆婆消極的行為。

我不能接受，為什麼婆婆能夠輕易說出要放棄這個家？為什麼她好像置身事外，表現得一副無關緊要的樣子？我們沒有要求婆婆承擔什麼，只是希望家人之間彼此扶持，共同度過難關，真就是這麼為難的事嗎？

而同樣作為擁有三個孩子的母親，不管孩子長多大，我始終牽掛他們、惦念他們，但婆婆似乎不是這麼想的，她愛她的孩子，但她又不肯為了他們堅強起來。

我以為「為母則強」是一種本能，但在婆婆身上，我看到更多的，是一個屈服命運的女人。

公公過世後，婆婆的哀嘆變本加厲，那個家彷彿被黑暗籠罩，愁雲慘霧，一團混亂。

我看不過去，我想，好，既然沒有人要做，那我來做好了！

「我來帶阿維。」

說要帶這個孩子，也不是真的無時無刻帶在身邊，是小姑先幫忙找了間日照中心，由我每天送小叔搭車去上課。

一開始校車的時間是八點二十分，我協助小叔盥洗，買了早餐送他上車。

後來我發現，小叔坐八點二十的車，到學校已是九點，等到早餐吃完，都十點多了。就算對於這些不一樣的孩子，日照中心沒有那麼多硬性的規定，我仍是希望小叔能培養出規律健康的生活習慣，加上我自己早上也有安排廣論課，送完小叔再去上課，時間太倉促了。

於是我早上六點半就到婆家，喊小叔起床，看著他吃完早餐，七點四十分前一定送他上校車。

小叔下午三點多回到家後，社工人員便會接手帶他去散步，或是固定幾個時段幫他洗澡。這樣算下來，婆婆一整天面對小叔的時間，還沒有公公在世時多。

我多少明白一些婆婆心裡的苦，所以我將小叔從她身邊帶開，留給她足夠多的個人時間和空間，希望她可以自由地過她想要的生活，但事情並不如我所想像。

當我承擔起照顧小叔，責任就似乎落在了我身上。

縱然小叔的心智年齡會永遠是個孩子，但孩子也有自理的行為能力吧？可小叔都幾十歲的人了，始終學不會自己洗澡。

「像洗澡這樣的事，他是學得會的，為什麼你們不教他？這不是愛他，真的愛他，就要教他怎麼照顧自己。」我對先生說。

先生只是回我：「那妳來教吧！」

我？為什麼是我？我一個做嫂嫂的，教小叔如何洗澡，這樣對嗎？

我又勸婆婆：「我們不能幫阿維洗一輩子，總要讓他學習，洗不乾淨沒關係，我們可以從旁協助，練習多了他也就會了。」

「不行，不行。」婆婆連嘗試都不肯，苦著臉拒絕我：「我講的話他不聽，我教不來。」

就算我不能同理他的苦處，可我知道他是真的不開心，
他真的需要人協助，我不能視而不見。

「您不試怎麼知道呢？」

「我沒辦法，別問我，我不行！」

婆婆連連搖頭，就像我每次關心地問起小叔：「阿維今天怎麼樣？」她只會回我：「我不知道啦！」同住在一個屋簷下的母子，抗拒貼近彼此，我聽著婆婆聲音裡的不甘，不由感到悲哀。

我就這樣每天帶小叔出門上課，可我不是機器人，我會覺得累，也會有病倒的一天，然而只要我沒去帶小叔，小叔那天必定趕不上校車。

「我做不到啊，他會鬧情緒，我能怎麼辦？」

不論是婆婆、先生、小姑，面對像個孩子哭鬧的小叔，皆手足無措，他們疼愛他、順從他，一次又一次打破我立下的規矩。

「你們這不是愛他。」我說。

「還是妳拿他有辦法，就拜託妳了。」

不，不是我厲害，而是好像只有我努力在推動著往前走，除了我以外

的人，心甘情願留在原地。

從小叔出生後，這個家的時間似乎就停滯了。

有時候我真的很累，向先生叨念幾句，先生永遠都是置身事外的樣子，「妳不能做，就不要做了。」

我聽了氣急敗壞，什麼叫做不要做了？這是你的家人、你的媽媽、你的弟弟耶，你看見他們只會一個勁地把自己關在家裡，任憑情緒恣意生長，無處宣洩，卻仍然袖手旁觀嗎？

「妳作為大嫂扛起責任，這不就好了嗎？」先生說：「真的不能處理的，就放下吧！」

「怎麼放下？」我難以置信地問：「家人需要幫忙，你要我當作看不到嗎？」

我想到我的娘家，不管是父親母親，都是出身於大家庭，各自擁有十幾個兄弟姐妹，孩子生得多，生活又不富裕，要說苦，父母親乃至我娘家至親們，每個都是從苦海裡熬過來的。儘管再窘迫，每個人互相扶持搭把手，困難自然迎面而解。

父親母親更是做了最好的身教，兄弟姐妹有什麼事，爺爺奶奶外公外婆有什麼事，父母親都是二話不說一力承擔起來。父親退休後，我的大哥也像父親一樣，做一個有求必應的土地公，照顧著家族親人。

就算我不能同理婆婆的苦處，可我知道她是真的不開心，小叔也真的需要人協助，我無法視而不見，丟下老人和「孩了」，以及他們的憤怒和落寞。

嘴上不說，可我從他們的眼裡，看到了陪伴的需求，每次我帶著孩子們回到婆家，婆婆和小叔高興的神情是騙不了人的。

先生無所謂地說：「過去沒有妳，還不都照樣過。要嘛妳就全部撐起來，要嘛妳就不要想太多，想那麼多，不能解決的事還是在那裡，何苦？」

先生的風涼話令我氣到快要哭出來。

我是為誰辛苦為誰忙？為什麼在先生的口中，變成是我在自找苦吃？我開始挑先生的毛病，發現先生不只在婆家把自己當成局外人，連我們的小家，他也像個局外人。

我是全職主婦，孩子的大小事基本上都找我，可當孩子懂事上學了，參加福智的青少年班，每當有活動想找先生一起參與，先生總是拒絕。

「你為什麼不來？」我很不高興地問，平時先生就不過問孩子的功課，家長活動還老是缺少父親，搞得孩子像是單親家庭。

先生躺在沙發上看電視，敷衍回道：「妳代表出席就好了，我工作很修行要先認知內心的苦，才有辦法面對與克服。
那我的「苦」是什麼呢？

累。」

「我工作很累。」先生只會說這一句。

有一回我感冒發高燒，已是晚上十一點多，醫院診所早就關了，我拜託先生出門幫我買退燒藥，先生當時也是回我：「我工作很累。」

後來先生忘了這件事，我卻牢牢記得我拖著病體爬起身，在家裡翻箱倒櫃，才從孩子的藥袋裡翻出沒吃完的退燒藥，顧不上藥物放了多久，囫圇吞了下喉嚨，迷迷糊糊又睡了過去。

然而心裡的委屈始終無法淡去。

我覺得先生一點都不在乎我，也不在乎孩子，每天只知道工作、工作，除此之外的事都與他無關，婆家的問題找我，孩子的問題也找我，他老爺每月準時拿錢回家，其餘諸事不理。

我忍不住會想，這段婚姻還有繼續存在的必要嗎？

會產生離婚的念頭，倒不是因為需要看顧婆婆和唐氏症小叔，很多人告訴我，小叔不是我的責任，我沒必要把自己搞得那麼累，但只要家人過得好、過得開心，我其實很願意去承擔。

可是我的所做所為，沒能改變婆婆的態度，沒能拉近和先生的距離。我的付出，沒能讓這個家變得更好。

不知道從什麼時候開始，我不太笑了，取而代之的是不悅的言語。

「你有沒有聽到我說話啊？為什麼跟你說話你都沒反應？」

「小孩子的活動你也不參加，整天就在家裡看電視。」

「那是你媽和你弟弟耶，你就不能多一點關心？」

「為什麼我不做，這件事就沒人要做？」

……太多太多了，多到我都不記得我說過些什麼，我沒有親密的姐妹可傾訴，同窗好友各有各的生活，特地打電話說這些也奇怪，大多時候，我看不順眼就和先生念叨兩句，情緒上來了第一個想到訴苦的對象也是他。

先生毫無反應，偶爾他也會說：「妳脾氣越來越壞了，一副兇巴巴的樣子。」

我兇巴巴？

乍聽先生這麼說，我嗤之以鼻，十分不以為然，以為先生這是不耐煩了。

直到我因為帶孩子去參加福智青少年班，自己也投入了《廣論》的學習，透過師父的開示，才知道修行要先認知內心的苦，並且面對與克服。

那我的「苦」是什麼呢？

因為分享佛法實際的受用，我一點一點挖掘內心，那一刻我真真切切覺知到，自己變成了一個超級愛抱怨的人。

照顧先生，是做妻子的本分；照顧孩子，是做母親的本分；照顧婆婆以至唐氏症的小叔，是做媳婦的本分。我理所當然地扛起了一切，像我的父母一般照顧家族裡的每一個人，忽略身心累積了太多的疲憊。

我記得做一個好媳婦、好太太、好媽媽，卻忘了做我自己。

我苦而不自知，只會不斷地向先生抱怨，久而久之，先生成為我所有負面能量的接受者。

先生說得沒錯，我的確是「兇巴巴」的。

檢視到自己的問題，我嘗試著改變，試著更多了解婆婆的想法。

因為不認同婆婆的行為，我總想著不看不聽，以為減少她和小叔的相處，她就能夠快活起來，我甚至不承認她患有憂鬱症，一個生活無虞並且有很多支援的人怎麼會有憂鬱症呢？那些茫然無助的人又該如何是好？

我看到婆婆這麼多年來總是和小叔處得不好，我認為她無法接受這個

這個世界，少了我也可以持續運轉，
我又何必堅持一個人扛起所有責任？

孩子，卻又緊緊抓住不放，但我從來不曾想過，為什麼她會走到今日如此景況？

她心有抑鬱，是她真的覺得苦啊！

再次走進婆家，我對婆婆說：「媽媽，我幫您按摩肩膀吧！」

我想要親近婆婆，卻又不知道和她聊什麼，便主動提出藉由肢體接觸，製造和婆婆聊天的機會。

婆婆很年輕就守寡，但在前一段婚姻短短的幾年間，婆婆過得似乎也不是很好，包括丈夫經商失敗，和親戚往來間複雜的問題，婆婆說起前任婆家，總是語多怨懟。

「那您怎麼會和爸爸再婚啊？」我問。

「是妳阿姨介紹的，她們說還是要有一個完整的家庭，對小孩比較好啦！」婆婆說。

於是在先生親生父親過世幾年後，婆婆嫁給了後來的公公。

我想著在那個年代，婆婆一個年輕的女人，帶著兩個孩子，決定再嫁，一定是希望能有一個幸福的家庭吧！當她懷上第三個孩子時，是否也是引頸期待孩子的誕生？然而異樣的孩子，和看不見盡頭的人生責任，一下子就將她擊垮了。

婆婆所盼望的「完整的家庭」，永遠不可能完整。

平常誰也沒有去認真聽婆婆說話，不願聽那些重蹈覆轍的怨言，我們都不想被負面情緒所感染。可我發現，給予婆婆說心裡話的機會，竟是一種療癒的過程。

慢慢地，婆婆不再成天躺臥在床，她開始走出房間，到公園散步運動，認識了一些朋友，人也跟著開朗起來。親戚都說婆婆進步頗大，唯一不變的是她對小叔的態度。

「都是妳爸寵壞了阿維，如果不順著他，就又吼又叫的。」公公人都已經走了，婆婆還是不時抱怨公公，將小叔脫序的行為怪在公公身上。

「我早跟妳爸說了，要好好教阿維，結果現在呢？把爛攤子留給我，我要怎麼辦？」

我已經不是那個因為尊敬長輩，什麼都往肚子裡吞的媳婦了，我提醒婆婆：「媽媽，您以前常跟爸說要對阿維有耐心，您反覆教導阿維，阿維一定會進步的。」

婆婆吶吶地說：「別人說的他都會聽，但我說的他都不聽，他不讓我教……」

說著，又是一聲一聲的嘆息。

「這就不是一個正常的孩子，你要有耐心去教他。」這是婆婆以前常對公公說的話，可實際上，最不能接受小叔「不正常」的人也是婆婆。

婆婆本就是一個比較自我的人，她毫不客氣地對待小叔，期待能獲得正常人般的回應，而小叔情緒性的反彈，往往令她失望，她將一切都怪到已逝公公的身上，包括這個孩子的出生，以及他不服管教的行為。

可是在外人面前，婆婆很維護小叔，見不得人對他不好，於是有一天，趁著婆婆不開心地反應校車司機對小叔語氣不佳，我問婆婆：「媽，您愛阿維嗎？」

婆婆瞪大了眼睛，「當然愛啊！不愛我為什麼每天為他煮飯、幫他洗澡？」

婆婆說的這些不過是食衣住行生活必需，我認真地說：「媽媽，您說的好像不是愛，是責任。」

婆婆不禁一愣。

我直視著婆婆，輕輕地說：「您說那個校車司機對阿維說話口氣很差，或是那個誰誰誰看輕阿維，可是您對阿維說話的口氣也是一樣的。」

婆婆似有所思，但她是否能有所反省，進而改變，我也不知道。

一步一步來吧！我想婆婆是真心愛她的孩子，只是她習慣逃避。就如過去的我一樣，看不清自己的問題，自苦而不自知，我也還在學習關愛教育，又怎能奢求婆婆被一句話點醒？

沒想到的是婆婆果真被我的話觸動，找了機會私下問我女兒：「妳媽媽說我對妳叔叔很兇。」

女兒安慰婆婆：「您只是習慣了那樣說話。」

我聽女兒轉述這一段時，覺得又好笑又溫暖，原來我說的話，婆婆都記在心裡。

後來婆婆對待小叔態度緩和了些，雖然她長年的習性難以轉變，偶爾還是會對小叔大小聲，但已是難得的進步了。

改變的過程並不容易，這點我很明白。

我記得做一個好媳婦、好太太、好媽媽，
卻忘了做我自己。

就是什麼事都選擇自己扛，不願意示弱，到頭來，我才會滿腹的委屈。

我以為我用心對每一個家人，問心無愧，法師卻提醒我們：「要念家人的恩，不要做忘恩負義之人。」我那麼認真付出，為什麼會說我忘恩負義？

換個角度想，我好像一直在觀家人的過，我沒有說出口，可心裡是有怨言的，我不滿先生獨善其身的行徑，不滿他和我們保持了一定的距離，但我有沒有去觀察他對我們的好？

那天我因為練車，跟著先生出門，等著他工作忙一段落後，陪我練習。

先生從事機械買賣與維修，擁有一間簡陋的鐵皮工廠。到了工廠後，先生把我晾在一邊，挽起袖子就鑽到機器底下了。

這些大型的工業機器笨重且複雜，充滿油污的鐵皮工廠內並沒有空調，先生就在大型風扇狂吼的聲音中，專注地修理機器，老花眼鏡垂掛在他的鼻梁，隨著汗水分泌滑落下來，先生便一次又一次地以手臂推上去。

「這個人好辛苦啊！」

我是第一次看到這樣的先生，在我忙碌於家中瑣事時，這個人也是默默在打拚，忍受著不舒適的環境，賺錢撐起一個家。

我突然就對先生改觀了，當我開始對先生觀功念恩之後，我其實很感謝先生。「做不到就不要做。」、「妳可以不要管。」那些我曾經覺得冷漠的言語，不過是先生以一個旁觀者的角度，給予我理智的建議。

或許以家人看來，會認為先生過於冷淡，可如果不是他撐持起這個家，我們也走不到今天。

這個世界，少了我也可以持續運轉，我又何必堅持一個人扛起所有責任？

看開了以後，我的心也逐漸開朗，重新找回那個陽光的自己，不再「兇巴巴」的，對先生說話變得柔軟，也更勇於表達自己的意見。

就像婆婆進行脊椎手術，需要休養，睡前無法為小叔洗腳，但又不能不洗，這已然成為小叔的生活儀式，如果不做，小叔在晚上會鬧情緒，影響到婆婆的心情。

我和先生去探望婆婆，小叔吵著：「我要洗腳！」

先生想也不想地說：「叫你大嫂幫你洗。」

我橫了先生一眼，先生才摸摸鼻子，「阿維來，哥幫你洗。」

先生幫個一回兩回，後來他工作晚回家，洗腳這件事還是落在我頭上，誰叫我放不下呢？做慣了家中的強者，也不忍心看到家人受苦，所以還是會去做。

可是心境已是大不同，我會適度地坦露自己的想法，不會再硬撐了。

人的個性真的很難改變，他還是會怨天怨地，
我也會因為承受太多而悶悶不樂，但我們都在學著怎麼走出來。

關愛教育這條路，我還有很多需要學習的地方。

以前學關愛教育，我都用在孩子的身上，關注孩子的現在和未來的方向，我堅定地站在自己的位子上，想給孩子好的學習環境，所以想要帶孩子去上青少年班，孩子不願去，我就拿著書包等待他，也不逼迫，也不打罵，只是堅持陪伴孩子學習。

這個經驗，成為我心裡非常重要的信念，讓我後來在面對人與人之間的相處時，我會停下來回頭看看自己，問自己是否關注到彼此的眼前，以及兩人未來的方向？藉由這樣的反思，我就能慢慢地跨越自己不好的狀態，不去對立、不去當強者。

我也是人，我不能說我瞬間就領悟到關愛教育的真諦，立即接受了一切，我很明白地說，我做不到，我需要練習。

每天為婆婆按摩的時光，無形中增加了我們婆媳的感情，我想成為婆婆情緒的出口，看見被負能量所掩埋的她的亮點。

我發現，婆婆是個將自己打理得很好的人。生活的起居住行，婆婆有很多禁忌，空氣不流通的房子不行，所以婆婆拒絕到我家來住；太寒、太燥的食物不吃，分量不能多也不能少，讓人很難為她備餐；有點小潔癖，洗碗的菜瓜布就要分三塊，裝了濾水器的飲用水要放流兩分鐘才能夠使用；有什麼小毛病就要去看醫生，小叔身上長了幾顆痘痘，我們都認為擦藥就好，婆婆卻堅持要去看皮膚科……

連婆婆自己的兒女都覺得她是個難伺候的人，但我以照護而非服侍的角度來看，我很感激婆婆，感激她把自己照顧得這麼好。

除了老化帶來不可避免的病痛和手術，婆婆幾乎不需要我們擔心，她將家裡打掃得一塵不染，飲食講究、身體健康，我最多就是關懷和陪伴，這是多麼大的福報。

她表面上對小叔沒什麼好聲氣，從前對公公的態度也不怎麼好，但小叔一個小病小痛她都緊張得要死，就希望小叔無病無痛、快快樂樂的。

她動完手術躺在床上時，我去看她，她反倒哭哭啼啼的，我問她怎麼了？是身體不舒服嗎？要不要叫醫生？

婆婆哽咽地說：「我擔心阿維，以後我走了，阿維怎麼辦？」

巨大的病痛使人脆弱，我半開玩笑輕鬆地說：「阿維有我啊，您怕您走了以後我虐待他嗎？」

婆婆囁嚅地說：「沒有啦……」

「那您是擔心什麼？您是想到我曾經說過有一種寄宿制的愛心中心嗎？我只是想說朋友的孩子去了愛心中心還不錯，您記在心裡，怕我將阿維送去嗎？」

「也沒有啦……」

我鄭重地說：「爸爸還在的時候，我們就對爸爸承諾過，阿維以後就跟著我們吃、跟著我們住，我有什麼，絕對少不了阿維一份。我偶爾會對阿維兇一點，但那是我在教他，您會因為這樣擔心我對他不好嗎？」

婆婆連連否認，「不會不會。」

「那您為什麼要哭？」

婆婆說著說著，淚水又從眼角滑落，「沒什麼事啦，我就是躺在床上不能動，想到很多事情，突然就覺得很煩惱。」

「媽媽，我知道您生病了難免就會胡思亂想。」我說：「您覺得我的煩惱會比您少嗎？」

「不會。」

「對啊，」我笑著說：「我那麼多煩惱都沒哭了，您哭什麼呢？」

婆婆破涕為笑，「我知道，這個家都是妳扶起來的，多虧有妳。」

這不是我第一次從婆婆口中聽到這樣的話，再次聽到，內心依舊被深深地撼動了。

原來，我的付出婆婆都看在眼裡，原來，婆婆也是以她的方式在感恩身邊的人。

因為不認同她的行為，我總想著不看不聽，
但我從來不曾想過，為什麼她會走到今日如此景況？

我不覺得我做得很多，直到現在，我依然在學習怎麼和婆婆相處。人的個性真的很難改變，婆婆還是會怨天怨地，我也會因為承受太多而悶悶不樂，但我們都在學著怎麼走出來。

就像那次，先生的表姐來看望婆婆，婆婆對著她瘋狂抱怨小叔：「妳都不知道，阿維整夜不睡發脾氣，還吼我，他就是來凌遲我欸……我年紀這麼大了，還要每天面對他，有夠痛苦，我好想就這樣去死一死算了。」

那天我去帶小叔上學，聽到婆婆如此不理性的話，氣得手都在抖。

為什麼又來了？我每天不論颳風下雨，豔陽烈日來回帶小叔，就是體恤婆婆的負擔，為什麼要這麼情緒化地形容阿維？而更讓我生氣的是婆婆對生命的不負責。我的好言相勸和一次又一次的溝通，難道都白費了嗎？

我在氣頭上，內心無法平復，那天送小叔出門後，我沒再回頭為婆婆按摩，我甚至傳訊息給先生，告訴他我當下的心境，在這一天，我完全不能面對婆婆。

我以為我會氣很久，但隔天，我的心平靜了，若無其事地繼續回去為婆婆按摩。

能夠這麼快恢復，我想，是那個強大的我慢慢地變小了，在情緒上頭的時候，我沒有放任自己的怒氣，而是想著：接下來我該怎麼辦？心不平的情況下，我沒辦法坦然地去關愛婆婆，於是我選擇先關愛了自己。

我早就明白婆婆是這樣的個性，我為什麼還要那麼生氣？婆婆再度發作，是不是有所緣由？還是在看到好久不見的親戚，忍不住爆發了？

體會了婆婆的心後，我也跟著釋懷了。

這條學習的路還久還長，我和婆婆還有我先生都要一起走下去。

到今天，其實我很感激我的家人，不論是婆婆小叔，還是我的先生與孩子，給予我不同的境界，讓我變成更好的人，教導我不要一味地以強者的心去觀待別人，多一點柔軟的心，少一點罣礙。

我希望到生命的最後，回首這一生，對得起我的家人，不負我的學習，並且傳遞我的經驗，盡可能地幫助更多的人。

延伸思考

人際溝通講師、身心靈工作者　羅志仲

婚姻並不只是兩個人的結合，而是兩個家庭的結合，就算結婚的雙方在婚後並未選擇與父母同住，又甚至結婚時父母已經不在了，但夫妻兩人仍舊背負著各自原生家庭的影響長大，小至生活習慣、說話方式，大至金錢、教養觀念，無不深受影響。夫妻之間的衝突，往往來自對原生家庭的影響缺乏覺知所致。

在本篇故事中，妻子的原生家庭每天和和樂樂、熱熱鬧鬧、彼此協助，但丈夫的原生家庭卻是安安靜靜、冷冷清清、相敬如賓，兩人在截然不同的原生家庭中長大，對於「家庭應該是什麼樣」，自然會有天差地別的觀點。這些觀點並不存在絕對的對錯可言，但如果雙方有任何一方堅持「我對你錯」、「你必須跟我一樣」、「你得照我的方式做」，衝突便無法避免，也難以解決了。

較好的應對方式，是去學習好奇、了解：對方的習慣、觀點是怎麼來的？是否與對方的原生家庭、成長過程有關？藉由好奇，進而產生理解，最後帶來接納，自然就不會再執著於「我對你錯」了。

此外，就算是一家人，最算再怎麼愛對方，彼此之間也需要有界線。文中的妻子，在婚後隱然以「拯救者」自居，將本屬於婆家責任的大小事務一肩扛下，苦不堪言，後來才因學習而有所調整。設立界線，並不意味著冷漠，也不是對於對方的懲罰，而是一種自我愛惜的行為，也是在為彼此更進一步的互動充電與暖身。設立界線，是先將自己照顧好，才有餘力與較好的品質照顧他人。

用一輩子練習回家
黃琇茹
文／蘇曇

雙眼從一個窗口看出去，是看到滿天的星辰，還是地上的泥濘，選擇權完全在自己。我選擇看什麼，我的世界裡就有什麼。

《希望・新生》四季法語100

學習是為了發揮自己的價值、為他人做出貢獻。努力過，
也學到東西，知道自己的問題出在哪裡，就是最好的成功。

有句話說：「幸運的人用童年治癒一生，不幸的人用一生治癒童年。」我想，前者的童年是否就是在天堂一樣的家庭長大，而後者的家庭則像是無盡的深淵？

奇妙的是，我家對我而言，既是天堂，又是深淵。

在我心裡，有一個明亮、溫暖而包容的天堂，那是用父親的愛建成的。我的父親是個溫柔寬厚又有智慧的人，和他共事、相處過的人，往往都會被他的一身氣度，與對人真心誠意的關懷所折服。

學教育的父親，很少把自己的想法或價值觀強加在我或三個弟弟身上，而是時常引導我們去思考自己想要什麼、又要如何達到？即使是任何一個年代的父母都免不了要求孩子成績這件事，爸爸也只是溫柔地和我說：「妳學習，是為了增加妳的能力，讓妳有辦法在社會上發揮自己的價值、為別人做出貢獻。所以，分數不是重點，妳學到了什麼、未來能不能讓妳有幫助自己和他人的能力才是重點。不需要用別人的評斷或是分數去

評價自己，只要妳內心善良，那比什麼都珍貴。」

當我們做得好時，父親不吝鼓勵；遇到挫折時，他則會引導我們去觀察問題所在、修正自己的做法。在父親身邊，真的有如沐春風之感，永遠都是自在又安心的。

即使是四、五十年後的現在，父親的教育理念也毫不過時。那些諄諄善誘之中飽含的愛，更是在習慣了打罵教育的我們那輩極少見的。可惜的是，這一絲溫暖、柔和的光芒，只照亮了我成長路上的一小段路途。

我的成長過程，更多時候是身處於細瑣卻無比真實的深淵之中：

媽媽算過從學校走回家要花多少時間，每到放學時刻，她就會早早拿錶等著。今天放學時有同學找我講話，回家慢了一些，一打開家門，媽媽嚴厲的怒吼便當頭劈落：「超過五分鐘了，妳去做什麼去了？跪下！是在拖拖拉拉什麼？為什麼不早點回家？」我不甘又無奈，放下書包，想和媽媽說我沒有亂跑，但媽媽瞪著我不讓我繼續說：「不要想狡辯，叫妳跪下就跪下！」

一跪到地上，媽媽便氣勢洶洶地走過來翻我的書包：「國語98、數學97，才國小幾年級，這麼簡單都沒辦法考一百，妳是豬腦嗎？手給我伸出來！隔壁的小孩都能考第二名，妳出去我都不好意思承認是我生的。」

少一分打一下，啪啪啪啪啪，毫不放水的五下棍子下去，細嫩的手紅了起來，熱辣辣的痛感在手上燒燙著。但媽媽緊接著說：「都是妳沒有好好念書給弟弟做榜樣，他們最近才會考不好。都是妳的錯，多打五下！」再狠狠地五下下去，手開始腫了。我不甘心，「為什麼連弟弟們考不好也要算到我頭上？」我倔強地抬起頭看著媽媽，說出了我心中的不服。這一番話立刻點燃了媽媽這個炸藥的引線。

「砰！」媽媽把手邊的鋼杯重重砸到地上：「妳說那是什麼話，妳這什麼眼神？妳死性不改，這餐就不要吃！看妳有多了不起啊！」

我做錯的事情有那麼嚴重嗎？弟弟們考不好又關我什麼事？為什麼我一回到家就要被這樣對待？我緊抿嘴唇不想示弱，眼淚卻不聽話地在眼眶打轉。媽媽看到我的眼淚，手上的棍子又揚了起來：「哭什麼哭！不准哭！妳越哭我就越打，打到妳不哭為止！」又是好幾板子落在背上，我忍著痛想辦法把眼淚收回去。

爸爸從樓上衝下來，好聲好氣地對媽媽說：「孩子還小，她已經懂了，不要再打了好不好？」媽媽卻拿起棍子往我背上、手臂上繼續抽：「妳以為有妳爸爸護著，我就不敢打是嗎？妳以為有妳爸爸，做錯事有人擋著，就不用怕我、聽我的了是嗎？我打死妳！」

我麻木地繼續跪著，又餓、又倦、又痛，又好像一切都已經無所謂

不需要以別人的評斷或是外在成敗評價自己，
只要你內心善良，那比什麼都珍貴。

了。我知道爸爸心裡是心疼我的，但是只要爸爸護著我，我就會被媽媽打得更兇。幾次以後，我和爸爸之間有了默契——就不要管我吧，讓我扛完這一頓，事情也許就過去了。從此以後，我被打的時候，再也沒有人會護著我。

爸爸是個很溫柔的人，但我從小就清楚地明白，媽媽才是我們家食物鏈的最頂層。身為窮教員的爸爸，因為被曾外祖母看上，而娶到了媽媽這個美麗的富家千金。而且媽媽還十分優秀，在學校長年擔任行政職，一直都是主任級的。爸爸雖然後來也當到了校長，但他賺的錢還是遠遠不夠讓媽媽過像出嫁前那樣的好日子。為此，爸爸對媽媽一直懷有歉疚，總覺得是自己讓她吃了苦，對媽媽也總是事事遷就。

有一次弟弟們跟爸爸抗議，說都是爸爸太寵媽媽，我們才要受這種罪。但爸爸嚴肅地告訴我們，我們是她的兒女，這樣的言語忤逆是不孝，不要再說，有什麼事可以告訴爸爸，由他來和媽媽溝通。想當然爾，溫和的爸爸根本無法改變強硬的媽媽，這樣的日子逐漸成了我們生活的常態。

跪了好一會兒後，媽媽的聲音在背後響起：「是沒有作業要寫嗎？還不回去寫作業！」我知道，我終於得到了暫時的「赦免」。

我認真地埋頭寫回家作業，差不多快寫完時，媽媽的聲音已經在耳畔響起：「就那麼一點作業是要寫多久？等一下妳爸開始煮飯，妳就去幫忙，去洗菜還有擺碗筷，聽到了沒？」「嗯。」我默默點頭。「怎麼沒有聲音，是沒有嘴不會應嗎？」「好！」我大聲回答。

但是當我拿了菜，打開水準備要洗，媽媽又來了：「沒看到我在這邊嗎？先過來幫忙收衣服。」我下意識略顯為難地瞥了一眼青菜，媽媽就開始怒吼：「叫妳過來就過來，怎麼樣，現在我叫不動妳了是不是！」眼看媽媽去拿棍子要打人，我趕緊跑了過去，伸手就要去拿竹竿上的衣服。媽媽崩潰地大喊：「從左邊開始收！沒看到我也從左邊開始拿嗎？用眼睛看都學不起來？我怎麼會有妳這麼笨的女兒！」

「洗菜就洗菜，水開那麼大幹什麼，關小一點！」「洗兩下就想拿起來？是想毒死我們嗎？」「沒看到垃圾桶快滿了，不會去倒嗎！」「把垃圾桶拿離飯桌那麼近是在做什麼，噁心，骯髒欸妳。」「沒看妳爸飯快煮好了，還不去擺碗筷、拉椅子？到底有沒有腦袋啊妳！」……尖銳傷人的話語宛如刀片般不斷飛來，雖然早已習慣，某些瞬間還是會感覺內心哪裡抽抽地疼了一下。媽媽總是這樣，不知道在急什麼，事情一件接一件丟出來。我如果沒有馬上停下手邊的事回應她，她就會氣急敗壞地大吼。每件事都得照著她的步驟完成，不然她也會抓狂。

中午沒吃飯，又被使喚來使喚去，我實在累極了。聞著身後的飯菜香，我擺好碗筷，把椅子都拉開，把正玩得起勁的弟弟們叫過來吃飯。他們拿著媽媽新買給他們的、我從來無法擁有的玩具，在我被罰跪、做家事，忙來忙去的時候，開開心心地玩了一下午。

桌上那鍋燉了幾個小時、香噴噴的雞湯讓我垂涎三尺，但是還沒等我坐下，媽媽已經把雞腿夾給弟弟們：「來，多吃一點，今天有你們最愛的雞湯喔。」

為什麼同樣是爸媽的孩子，我要負責大半的家事，但弟弟們寫完功課以後就可以玩耍，即使胡鬧也不會受罰？為什麼無論是玩具或雞腿，總是沒有我的份？而最讓我感到不公平的是，為什麼弟弟們成績不好、在學校做錯事、在家裡胡鬧，到最後都是我的錯？我已經這麼努力了，到底還要我怎麼樣？

從我記事起的多數日子，都是這樣充滿了謾罵與責罰。懷著對各種不合理對待忿忿不平的反抗心理，骨頭夠硬的我時不時就要和媽媽頂嘴，無我習慣把眼淚往肚子裡吞，將身體和內心的痛都往心裡埋；
我一下子就長大了，但心底還是有個渴望被愛的小孩。

論她怎麼罰我、打我，我都不會屈服。然而這種情況只持續到我上國中。

先天就有心律不整的爸爸，那時多了一個奇怪的毛病。他第一次突然倒下時，我驚恐地發現：爸爸竟然沒有呼吸了！後來的每一次，手忙腳亂地撥打一一九，跟著救護車一起去醫院的路上，我都害怕極了，深怕一旦放開這雙手，爸爸的溫暖就要離我而去。

為了減輕爸爸的壓力，也為了保護我最愛的爸爸，從此我選擇把所有的事情都扛下來。當媽媽又打罵我、使喚我時，我不再頂嘴，而是馬上低頭道歉，全盤承受，事後也不會再去找爸爸哭訴抱怨；當爸媽上班不在家時，我就負責照顧好三個弟弟，帶他們寫作業、煮飯給他們吃，注意他們的安全，不再向爸爸邊撒嬌邊訴苦讓他煩心。

我把眼淚往肚子裡吞，身體和心裡的疼痛都往心裡埋；我一下子就長大了，但心裡還是有個渴望被愛的小孩。偶爾被媽媽打的時候，會很希望有人會來保護我、為我挺身而出，但總是失望。無論我做再多、多麼聽話乖順，也依然無法得到媽媽一絲的喜愛或肯定。

高中時，我和媽媽爆發了一次大衝突。

從小，我的身體也不太好，高中某一年更因為動了兩次手術，請假過多，導致學習進度沒跟上，被當了兩科。手術過後，休養不久的我，面對的不只是元氣大傷的身體，更是來自媽媽的雷霆之怒。

得知我兩門學科被當的媽媽簡直氣瘋了，她氣得把桌上的東西都掃到地上。「妳給我跪下！」媽媽氣到發抖，對我大吼：「堂堂校長的女兒，被當了兩科，我們的臉都被妳丟光了！妳的腦子是怎麼長的，成績怎麼可以這麼爛！妳給我滾出這個家，成績這麼爛的不是我的孩子！」她邊說邊用棍子狠狠地抽我的手、我的背，彷彿真的要把我打死了才解氣。

那時候，對自己的失望、手術過後身體的疲倦、多年來的委屈與不公，成長過程中累積的——終有一天要被拋棄的恐懼與無助……太多太多情緒隨著被壓抑了許多年的眼淚一起湧了上來。我的嘴角抽動，想說點什麼，可是卻什麼都說不出口。最後，我回房拿了書包，收拾了一些東西，如媽媽所願，頭也不回地走出了這個家。

我去找在外住宿的同學，問她可不可以收留我一陣子？同學很爽快地答應了我。那時候我沒想太多，因為媽媽要我滾，我就滾了。

要低頭嗎？要道歉嗎？要和好嗎？什麼時候要回家？我什麼都沒想，只是隨著自己的本能做出了反應，然後在同學那裡得到了短暫的喘息時間。

但是，爸爸永遠都不會放棄我。每天，他都來看我，一見到我，他就會伸出手摸我的頭，溫柔地問我：「今天過得怎麼樣？」我點點頭，跟爸爸說：「很好。」他會接著問我：「吃過了沒？爸爸帶妳去吃飯吧？」我就跟在爸爸旁邊，跟著他走向只屬於我們兩人的溫馨時光。

爸爸一面不斷把菜夾給我，要我多吃一點，一面問我：「自己一個人在外面，有沒有遇到什麼困難？無論是什麼，都可以跟我說。」他不會責備我，也沒有問我為什麼離家出走，或者要我趕快回去，他只是專注地看著我，告訴我：「妳是我最好的女兒，我永遠愛妳。兩科被當沒有關係，妳不要放在心上，也不用在意媽媽或別人說妳什麼。讀書學習是為了妳自己，為了將來對他人與自己有所助益，我不會用這種東西去評斷妳。我相信妳很努力，妳有學到東西了，也相信妳已經大致知道自己學習上的問題出在哪裡了，對不對？」我拚命點頭，那種被理解與被信賴的溫暖讓我無比安心。爸爸接著笑一笑說：「妳知道的，我們家的大門隨時為妳而開。等妳心情好點了，想回來的時候再回來吧。」

吃完飯後，我們一起慢慢地走回同學的宿舍，一路上自在地聊著。到門口時，爸爸只是叮嚀我在外要多保重，然後又摸摸我的頭，就走了。隔天、再隔天……爸爸每天都來看我，風雨無阻。有時候，他會偷偷問我：「錢還夠不夠用？」然後偷偷塞給我幾張鈔票；有時候，他會語重心長地對我說：「我知道妳過得很辛苦，媽媽的個性一定讓妳壓力很大，可能她

跳過了眼前的問題，以你現有的知識和能力，
將來你有辦法保護自己嗎？不能的話，還是會受傷。

說的話也總是讓妳很受傷。但是如果我說媽媽的出發點其實是想為妳好，妳相信嗎？」看見我閉著嘴巴不接話，他也只是溫和地說：「妳再想想我說的話吧。」

整整兩個月的時間，爸爸就只是這樣傾聽著我、陪伴著我，給足了我力量，等我自己釐清紛亂的思緒，讓我又能夠鼓起勇氣去面對眼前的現實，讓我終於願意回家。

然而回家後，不只是媽媽的責罵，課業始終跟不上的事實也一直擺在眼前。我認真地和爸爸做了一番長談，說出自己心中的糾結：「爸，我覺得無論是媽媽希望我念的台大政大，還是比較好的國立大學，我應該都考不上了。我在想，還是我就輟學直接去工作好了？」

其實那時候我不是真的想出社會工作，最主要還是想要逃離媽媽，逃離這種怎麼做她都不會滿意的生活。我想爸爸大概多多少少猜到我的心思吧！他看著我說：「欸，妳都還沒有考，怎麼就打算放棄了？」我心虛

地看了他一眼，他摸摸我的頭，接著說：「其實學歷、學位並不是最重要的，不管妳考到什麼學校，就算不是國立大學，只要是妳有興趣、覺得對自己有意義、對社會有貢獻的，爸爸都很鼓勵妳去念。妳有沒有想過，妳如果現在出社會工作，以妳現有的知識和能力，出去了要做什麼？妳有辦法保護妳自己嗎？不能的話，妳出社會還是會受傷，還是會遭遇到來自別人的傷害，那和媽媽給妳的傷害就不一樣了喔。」

我當時真的沒想那麼多。爸爸看著我逐漸嚴肅的表情，接著往下說：「如果繼續學習，妳會具備更多知識和能力。妳要記住，學習追求的不是分數多高、成績多漂亮，是妳自己真正有興趣、想去學，學了未來能夠幫助到自己和他人，那才是最重要的。」

因為爸爸的這一番話，我才能夠堅持學習，順利考上大學念了國際貿易。

大學畢業後，我去貿易公司上班，遇到一個很好的老闆，教了我很多東西，然後我很快就自己創業。二十幾歲時，我終於有能力逃離那個家。一個女孩子提著兩大個裝滿樣品的皮箱，就這樣在世界各國飛來飛去，一點一點打下自己的事業版圖。

我輸出機器設備，後來連售後服務、產品設計，或是客戶的廠房怎樣安排動線等都幫忙處理；身邊有一群因為我照顧他們的家人，且和他們同甘共苦，所以非常穩定且優秀的技術人員，在許多國家都做出了不錯的成績。雖然無比忙碌，卻也小有成就。

但順遂的日子並沒有多久，在事業上升期，我在美國遭遇了一場死亡車禍。

當下猛烈的撞擊後，車身連續翻滾了無數次，在那電光石火的幾秒之間，我的左手被卡在車頂一路拖滑，骨肉瞬間幾乎都被磨削殆盡，最後只剩下五根手指和一片薄薄的皮肉還連在手上。

我活了下來，左手卻瀕臨截肢。當時的醫生鼓勵我不要這麼快放棄，可以試試較新的移植手術，於是開啟了長達好幾個月、漫長的手術時期。無止無盡的清創、打針……因為人在異地他鄉，無法完全聽懂醫護人員的說明，種種毫無心理準備便疼得撕心裂肺的療程，以及一場又一場動輒長達二十幾個小時的手術……我時常是茫然的，錐心的疼痛，或者在睡睡醒醒之間無比虛弱。每回注射了麻藥，意識逐漸模糊，眼中手術室頭頂的無影燈逐漸暗下，我都不知道下一次自己是否還能在這裡醒來；也的確有好幾次，我幾乎撐不下去，瀕臨死亡。

在那些身外之物都無法提供一點溫暖、占據我大半人生的工作都幾乎失去意義的時刻，我發現，我好希望爸爸、媽媽，或弟弟他們能在我身不溝通、在心裡抱怨與冷暴力，依然是對立。

邊。我好希望在每一次無比漫長的手術開始之前，他們會握一握我的手，對我說聲加油。

我飛越大半個地球離開他們，離開那個對我來說宛如無盡深淵的家，但是在生死一線間，甚至不確定自己還有沒有明天的時刻，我卻又格外想念他們。

無數次的手術嘗試，最後，醫療團隊移植了我的腿骨和骨盆骨，勉強保住這隻左手。但要說成功，卻也不算完全成功。它不再能彎曲，也失去了許多功能，此後我幾乎只能動用右手。

漫長的手術結束後，就像作了一個極長的夢一樣。但和一般作夢不同的是，醒來後，我身邊的許多事都變了：我的事業全面停擺、耗去大筆積蓄，而我的左手再也無法回到過去健康的時候。

也就是在這時，我竟然真的接到了母親的電話。她說她和弟弟們可以照顧我，要我回臺灣來。十分思念家人的我非常感動，心想：是否因為差點天人永隔，所以他們終於也了解到我的好、捨不得失去我了？

然而，那卻是另一次傷害的開始。

回到臺灣後，媽媽和弟弟沒有多麼關心我的病情，媽媽仍是那副不假辭色的模樣，直接對我說：「妳弟的工廠快不行了，妳來幫他穩定一下狀況。」原來要照顧我只是個藉口，其實是要我回來幫忙收拾爛攤子。我心裡好像有些許難過，卻又毫不意外。

原本想要拒絕，但在看到多年不見、老邁許多的父親，不願開口勉強我，卻帶著些許哀求、祈請的目光時，我動搖了。於是我對他們說：「好吧。但是我現在手的骨頭變得很脆弱，我只做業務，其他的事情你們都要自己處理。」

弟弟滿口應好，然而很快就故態復萌，又像小時候一樣，只要有我在，就什麼事都想丟給我處理。後來，因為過度操勞，又時常要幫忙搬貨、送貨，某天搬東西時「喀擦」一聲，我受了這麼多的苦才移植完成的左手骨頭再一次斷裂，連同我心中對親情最後一點點的渴望，一併破碎了。

在國外飛來飛去，忙於事業的那些日子，我每天有數不清的事情要處理，身體雖然疲倦，心靈卻是自由充實的，很有成就感。但每當回到臺灣，飛機落地，想到要回到那個家，腳步就彷彿有千斤之重，寸步難行。

後來，我極幸運地又完成一次手骨移植手術，但是醫生嚴正地告訴我，再來一次的話，真的很可能再也救不回來，必須截肢。

也就是這一次，讓我下定決心要離開這群永遠不會愛我、只會從我身上榨取好處，但只要稍微示弱又會讓我心軟投降的人。

對那個與我血脈相連，卻拖拉我至無盡黑暗中的人，也許此生少相見，就是最好的處理方式了吧。

在那之後，我定居國外，繼續打拚事業。後來又因緣際會去了中國，幫忙建立弘揚佛法的團隊與體系。當時中國不像臺灣佛法如此興盛，對宗教也還有很多忌諱，卻沒有辦法抹煞人們心中對宗教與解脫的渴望。我時常看到人們跪在佛寺前，對著佛像痛哭流涕，迫切希望法師為他們解惑。

人生來有無窮無盡的痛苦，但這份工作可以把一種對人們很有意義的事情帶到他們的生活中。當我看著人們從佛寺離去時，短暫得到力量的背影，我的心中就會無比感動與滿足。那時候我想，我的餘生可以奉獻給這一切，我願意為世上的人們貢獻自己的一份力量。

不是她沒有錯，是我要更好的人生。

然而就在這時，又來了一通改變我的命運的電話，是爸爸打來的。因為媽媽要動手術，但爸爸自己住院，分身乏術，就想也許女兒回來照顧媽媽會方便一點。我雖然沒有馬上同意，也覺得自己應該回來看看，可就是在這一次，我才聽醫生說，爸爸的兩眼幾乎都看不見，一邊耳朵也已經聽不到了。

爸爸就是這樣的人，即使自己諸多不便，也不會想要麻煩他人，因此他從來沒有告訴我們。但我想像著如今的他生活中該有多少不便？每一天，逐漸老邁的他獨自承受著這些，作出若無其事的樣子，一想到這裡，我的眼淚忍不住潰堤。

我想，我學佛，並且投入和弘揚佛法相關的工作，不就是為了要幫助更多人嗎？如果連父母需要時，我都不在身邊，那做這些又為了什麼呢？

同時我也深刻地感受到：父母剩下的時間可能不多了。我想要報答爸爸的大恩，也希望媽媽在世時，有機會化解我們這麼多年來的恩怨，不要讓這些事情變成永遠的遺憾，就這樣爛在我心裡一輩子。

於是我下了一個重大的決定：我要回臺灣，陪爸媽走完剩下的人生。

回到臺灣後，由於醫生吩咐爸爸使用的所有個人物品都要定期更換，環境也要盡可能保持潔淨，看著家中因兩老無力整理、媽媽又不願雇請外人打掃，而堆積蒙塵的大量物品，我一個人用還能使上力的右手，慢慢地清理收拾。但老邁的媽媽戰鬥力與固執程度絲毫不減，只有更勝以往：「說什麼筷子發霉了，一買新碗筷就買一整套？妳看看原來的，都還好好的就這樣丟進垃圾桶？像妳這樣浪費敗家的人，天打雷劈喔！」說著，媽媽便伸手撿起了垃圾桶內的所有舊碗筷，而把我新買的碗筷統統鎖到櫥櫃裡，不讓我用。

我把家中各處久置未用的老舊物品一一挖出來：別人送的但幾十年來都沒用到的水壺茶具組、壞了好多年卻不知為何　直躺在家中的檯燈、接近散架而不能再拿來坐的小矮凳……媽媽的怒吼則時時響起：「什麼？還好好的東西妳也要丟？妳給我放下，誰准妳把這些東西拿去丟的！」「那邊那個檯燈妳不准動！妳要丟怎麼不把自己先丟掉算了！」我擦了又擦，盡力將家中陳年的灰塵汙漬擦拭乾淨，再吃力地把這些東西拿去資源回收處堆放，但等到我去清別的房間時，媽媽就把那些東西又搬回來，放回原位……

除了那些堆積閒置的物品外，我也發現家中的空間對老人家相當不友善，畢竟當年沒有什麼無障礙空間的概念，因此馬上請人來在走道等處裝了扶手，浴室也裝了防滑的設施，預防爸媽摔倒。但這也讓媽媽不滿：「裝什麼扶手，到處都是這些東西，難看死了。妳就是嫌我老！咒我死！

咒我跌倒！我就知道妳這個不孝女，從來沒安好心！」

我甚至還聽到媽媽在和阿姨講電話時，憤恨地數落著我有多麼不孝，一回來就做了多少大大忤逆她的事情，丟了她多少東西，又把這個家改得面目全非云云。

剛回臺灣的前幾個月，我都在日復一日的你丟我撿、久違卻熟悉的謾罵中度過，整整清出了七部卡車那麼多的東西。每天晚上，白日裡僅用一隻手搬東西、清潔打掃的疲憊感一股腦湧上來，但真正令我無力的是那種「無論我做什麼，為這個家付出多少，媽媽永遠都不會滿意」的感覺。

某天，我在換毛巾和舊地墊時，媽媽又在旁邊叨念：「討債喔，這就是討債，東西都還能用，說不要就不要了，浪費敗家，有錢也不是這樣花的……」我忍無可忍地嗆她：「妳以為我很喜歡回來管妳的事嗎！」媽媽聽了更加憤怒，把手邊的面紙盒重重摔到地上：「不想管就不要管，妳走啊！妳想去哪裡，反正我們現在老了，也管不著了啊！」……那天，我們

人生路途上，不可避免地遍地是苦難的荊棘，
與其和荊棘較勁，不如學著去保護自己的這顆心。

彼此對峙了一會兒，結束以後，我沒有終於敢和母親叫板的痛快，而是有種很深的枯竭與疲憊的感覺。

房間裡的爸爸在我們吵完後來找我，問我為什麼又和媽媽鬧不愉快了？我們談話的最後，滿臉倦容的爸爸深深嘆了口氣，對我說：「妳們兩個女人的戰爭什麼時候可以結束？我都已經快九十歲的老人，妳們就不能讓我過安寧的日子嗎？」

聽到爸爸這麼說，我十分震撼。爸爸臉上的風霜與眼神中的疲憊，更像一把刀子深深地插入我心中。

我也已非年輕力盛的年紀，拖著身子、強打起精神來做這一切，無非是出於一番孝心，然而一再遭母親曲解及刁難，熟悉卻永遠不會習慣的言詞羞辱，更是令人身心俱疲。我只要回到這個家，就好像一腳踩進一個不斷下陷的流沙坑裡，無論做多少事都沒有用、無論忍耐多少，都是我的錯。但有錯的難道不是媽媽嗎？我也很努力把在外談生意、溝通習得的技

巧用在和媽媽溝通了啊，不管我怎麼好聲好氣，只要媽媽不賞臉，一切都沒有用。

我既痛苦又委屈，每天晚上只能抱著疼痛不已的手臂，靜靜地在自己的房裡流淚。另一方面，我心中有個不甘就此放棄的聲音在問自己：我難道是為了和媽媽這樣無止無盡地爭吵，才放下了自己嚮往的生活，回到臺灣來的嗎？如果不是，如果我希望我的存在能帶給爸媽更美好的晚年，我就得找方法來改變這一切。

後來，因緣際會之下，我接觸到《菩提道次第廣論》。日常老和尚在《廣論》開示的講解中不斷說明學習的次第，及一件事的好處和壞處，提

醒看待事情要思惟觀察，再做出抉擇，但又不會要人必須如何如何地依循這番思路。第一次看到老和尚開示的文本，就讓我備感親切，甚至激動地掉下眼淚。記得，小時候爸爸總會溫柔地與我分享許多正向的價值觀，給予充分自由讓我自己探索觀察，老和尚的理念和爸爸從小對我引導思考式的教育有異曲同工之妙，使我很容易就能接受並潛心學習，對佛法的領會也因此大有進步。但在和媽媽的相處上，我還是有一些解不開的結。

透過學習，我開始練習在碰到困難時先祈求佛菩薩，給予自己靜下心的空間，而就在我祈求有什麼能夠更直接地改善我和媽媽的關係時，師姐介紹我去上關愛教育的師資培訓。在接觸到關愛教育的理念後，我和媽媽的關係也有了轉機。

關愛教育的第一步是不要對立。光是這一步，我就幾乎一整年都踏不出去。

比如我有一次眼睛動手術，當天手術完回家，我跟媽媽說：「我現在視力還有點模糊，而且醫生也叮嚀我最近這陣子不要一直低頭，煮菜就不太方便了。你們等一下想吃什麼？我買回來。」結果媽媽陰陽怪氣地說：「隨便妳，反正外面的東西我死也不會吃，妳買什麼回來我都不吃。」我想了想，試著提議：「不然我這陣子找個人來家裡幫忙煮三餐、做家事？」媽媽突然提高了音調：「妳敢！妳如果敢讓隨隨便便的人進來我們家，我就打死妳！」買外食不行、請人來煮飯也不要，最後我不得不剛動完手術就自己下廚，手術也因此失敗了。而我承受著手術失敗的代價煮的菜，餐餐都被嫌棄到不行：「這個肉嚼都嚼不動，是要噎死我嗎？」「那個菜就要用炒的，妳用燙的能吃嗎？沒滋沒味，誰想吃那種東西。」「怎麼滷味可以滷得一點都不香，到底會不會煮？果然不能指望妳……」

我滿心委屈，想起了上一次生死一線的手部移植手術，也是因為她和弟弟騙我回來處理工廠的事情才會失敗，害我差點失去好不容易救回來的左手。更不用說還有許許多多的事情……一樁樁、一件件，沒有刻意回想

當心變得平衡，不再糾結於自己的苦受，能夠感受快樂，
才有能力帶給他人快樂，讓彼此的生命都得到提升。

過，卻也從未忘懷。

要我不和母親對立太難，頂多不對她發脾氣、不回嘴，不管她講什麼都冷處理，把她當空氣，那已經是我能做到的極限。但其實不溝通、在心裡抱怨與冷暴力依然是對立。

我也試著照課堂上所學：接納對方，憶念對方對自己的恩德，卻想起了更多小時候，弟弟們搗蛋時，那些不該由我承受，依然落到我身上的棍子；那些被罰跪、沒飯吃，餓得頭昏的夜晚；那些想哭，卻在自己家裡都找不到一個可以放心哭泣的角落的時刻……光是要不和母親對立，於我而言便是千難萬難。

第二步對我來說更困難，要找出對方的十個亮點。沒有，我的第一個直接的想法是：真的沒有。我媽這個人身上哪來的亮點？就算想破頭，我也只能勉強想到：她是公教人員，收入無虞，不需要我想辦法賺大錢來奉養她。除此之外，就完全想不到了。

有一次關愛教育的課堂上出的作業是「練習和對方說柔軟語」，那堂課後，我好不容易才鼓起勇氣，來回做了幾十次的心理建設，走過去又走回來，反覆無數次後，才有勇氣趁著媽媽在看電視的時候，走到她旁邊，扭扭捏捏地快速說出：「我愛妳。」結果她竟然說：「少在那邊噁心，妳闖了什麼禍、要跟我拿多少錢就說，不要在那邊講噁心話。」

我鼓足了此生從未有過的勇氣，主動釋放善意，得到的卻是這樣的回應，讓我真的挫敗極了。當天晚上，我打電話給關愛教育的老師，跟老師說：「抱歉，我真的不行了，我找不出我媽的任何一個亮點。」

老師理解而關懷地說：「那麼我們換個方式來想，妳有沒有想過，妳身上的優點是從哪裡來的呢？」「我？我身上的優點，不就是我與生俱來，或是我學來的嗎？就算父母給了我什麼，也是從我爸爸身上學來的吧。」我如此回答。

雖然當下我的確是這麼想的，但老師的話，就像一顆種子落到了我的心中。後來，做家事的時候、一個人待著的時候、睡前……許多時候我都會不由自主地想著這個問題：媽媽帶給我的，就只有陰影和傷害嗎？

想著想著，我竟然好像真的想到了些什麼。

從小我就要幫忙做許多家事，又因為媽媽的急性子，時常同一時間內我得完成五、六件事。不知不覺中，我的時間管埋能力大幅進步，無論是對事情輕重緩急及處理順序的判斷，或是善用時間差同時處理多項任務，都漸漸難不倒我。而這樣的能力，在我到國外工作，以至於後來管理大企業時，幫了我很大的忙。

我還想到，媽媽的負面言語，不只是批評或羞辱，還有習慣性的負面思考。比如我和弟弟看同學會騎腳踏車很羨慕，也想學騎腳踏車的時候，媽媽會說：不行，路上太危險了，出去會被車撞死；當我們想嘗試一些新事物時，媽媽會說：你一定會失敗，不用浪費時間了。不然就是：哪可能那麼好，人家一定是在騙你……這些話語很容易讓人消極退縮，成為一種詛咒或束縛，但正因為聽多了這種話，我總是比別人更快意識到一件事最糟的後果可能是什麼，而會習慣性事先思索應對的方法，反而因此磨練出風險管理的敏銳度。

另外，媽媽嚴厲的教育方式，從不留給我說「不」或退縮的餘地，讓我成了一個無論面對什麼境況，都習於咬牙堅持，而非打退堂鼓的人。回頭想想，若非如此，我又怎能年紀輕輕、提著兩個皮箱，就在毫無背景與人脈的情況下，飛去世界各地拜訪客戶、做陌生開發？我身上那種遇到困難絕不退縮的無畏，以及只知向前、絕不輕言後退的勇氣，不就是從媽媽的嚴厲之中一點一點培養出來的嗎？

也因為從小吃過的苦太多：重男輕女的苦、言語羞辱的苦、嚴厲教育的苦、身心多方打擊的苦……讓我很能設身處地理解他人、體察他人生活於世的不易。就如爸爸一直教導我的，正是因為我能深刻理解他人之苦，當我成長到有能力可以幫助別人時，我才能更好地貢獻這份力量與心意，

不要愚忠愚孝。面對不合理的事，
你為什麼不敢說「不」？你在恐懼、害怕什麼？

成為像爸爸那樣溫暖善解的人。

想到這裡，我非常、非常驚訝地發現：媽媽好像也帶給了我一些很不錯的東西？

我更發現，意識到這些事之後，回首過往，我就比較不會再一心沉浸於自己的委屈和傷痛之中了。就像從淤泥裡也可以長出荷花一樣，原來有許多痛苦的過去，都早已轉化為我生命的養分。想通了這些，我面對媽媽時，就比較不會一直落入受害者的角色與情緒，可以更自在地和她相處。

雖然，和媽媽相處，就像在陪伴一株倔強的仙人掌，要照顧她，就會時常被刺傷。然而幾十年來，要嘛只能把委屈和淚水往肚子裡吞，要嘛就

是她不讓我好過、我也不想跟她客氣，不斷硬碰硬彼此傷害著的我們，在我轉換了想法、開始能善用關愛教育所學去和她相處後，竟然還真的找到了一些有用的溝通方式。

比如老人家節儉，沒吃完的食物總是熱了又熱，甚至可以吃上許多天。媽媽腸胃比較好，吃了沒事，我和爸爸吃了就時常腹瀉連連。但每次我想把吃不完的剩菜倒掉，媽媽就會又吼又叫，說我敗家、討債，說她又沒拉肚子，關她什麼事；然後我可能會生氣指責她自私，也有可能偷偷拿去倒掉，結果氣得媽媽連續幾天看到我就砸東西。

後來，我意識到我們的價值觀根本不一樣，只想用我的說法，說服她照我想的做，根本不可能。無論我想做的事在道理上有多麼正確，只要我媽不在乎，我就無計可施。

但我突然想到，媽媽一直都是個很體面的人，即使到老了都還非常愛漂亮，或許從這裡下手有用呢？於是我認真地跟她說：「妳不是常常跟我抱怨這裡長斑那裡長斑，斑越來越多嗎？妳有沒有想過，妳也很認真地天天在保養，擦那些保養品，為什麼還會長這些斑？」媽媽果然好奇地轉過頭來準備聽我說，於是我繼續說：「這些放太久的食物，都會讓我和爸爸拉肚子了，可見它變質了。妳吃了腸胃沒事，可是它照樣會囤積在妳的身體裡、影響妳的身體，所以才會在皮膚顯現出來啊。妳吃了那麼多對身體不好的東西，從內部破壞它，就算妳在外面抹再多東西、去做雷射，又有什麼用？」

媽媽聽完，若有所思。過了一會兒後，她沒有像之前那樣叫我閉嘴、對我發脾氣，而是說：「也不能吃不完的都丟掉，真的太浪費了，會天打雷劈。不然以後兩天沒吃完再丟掉好了。」

這雖然只是一件很小的事，卻是我人生中的一大步。我終於能和媽媽「溝通」，而不再是單方面聽她怒吼，而我只能受氣或委屈埋怨了。我慢慢可以稍微掌握到，哪些說法對她是有用的、是她認為有意義且在乎、是她聽得進去的，是我們可以不用講到最後變成用吼得的溝通方式。

當然，事情也不會一夕改變。躁鬱症、強迫症纏身，再加上老後的輕微失智，讓媽媽漸漸有了越來越難纏的跡象。媽媽從小到婚後、甚至當媽以後，家裡寵著她、先生寵著她，兒子也寵她，一直被寵著。到了現在，她只要吃飯，無論在哪裡都要先把最好的料全部集中到自己碗裡，甚至是蛋花湯裡面的蛋花也不放過，全部撈光光。我的無奈是一回事，和親友吃飯時也這樣，往往讓他人抱怨不已。

從前遇到這種事情，我一定會有點難過，覺得我做了這麼多，難道不值得她分一些好東西給我嗎？也會因為不知如何解決親友的抱怨而煩惱不已。但現在，我會笑笑地把只撈到湯的湯匙舉起來給她看，跟她說：「我們的蛋花湯的蛋都不見了耶。」有時候媽媽心情好，就會收斂一點，也有時候不會。但我已盡力用智慧，用對她和對我都更好的方式，試著改變她自私的習慣，讓她在和親友相處時更愉快。

正確地求助，給對方時間和空間，
讓他們慢慢學著接受我有我的難處，我也需要被體諒。

學習關愛教育改變了我與人相處的許多層面，不只是和媽媽相處的狀況有了好轉。

爸爸後來長年住院，有許多負面消沉的想法，更時常自責自己沒用，老了以後身體毛病一大堆，帶給子女許多負累等等。但我回來照顧父母，是希望他們的最後一程能走得歡喜、滿足，爸爸老是這樣想，令我心疼不已。

我想，如果我和弟弟們能常來陪爸爸、多對爸爸訴說我們對他的愛，以及那些受過他幫助與感動的人對我們表達的感謝等等，也許爸爸會開心一點？於是我跟弟弟們說：「現在白天是我在照顧爸爸，晚上你們有空的時候，可以偶爾也來陪陪爸爸嗎？」弟弟們則回我：「晚上請看護就好啦，這麼多人回去照顧爸爸，CP值太低了吧。」

乍聽這些話，聽到他們在親情中計算CP值，怎麼不想想他們小時候爸媽有多麼疼愛他們時，我是有點生氣的，但是生氣對於爸爸的病況沒有任何幫助。我想：我得要把他們感動回來，讓他們心甘情願地和我一起照顧爸爸，這樣才有用。

於是我和大弟說：「你是長子，爸爸每次看到你，都有一種特別的安定和信賴，不知道你有沒有發現？」我和二弟說：「你和爸爸每次見面，都會手肘碰手肘，只有你能和爸爸像哥兒們一樣地相處，爸爸每次見到你都特別快樂耶。」我和小弟說：「你是老么，每次你一撒嬌，爸媽就特別開心。像你會跟他們做鬼臉什麼的，那些我可是做不到，只有你才行……」

就這樣，我好說歹說，告訴他們，他們對爸爸有多特別，也讓他們知道爸爸如今的消沉，好不容易把弟弟們感動回來，讓他們用他們的方式表達對爸爸的愛。我們幫爸爸洗澡、刮鬍子、按摩，陪爸爸聊天等等，雖然這些事看護也都會做，但在我們這些兒女觸碰爸爸、圍繞著爸爸時，他的表情明顯安心、幸福許多。

每一次要離開醫院的時候，我們都會握著爸爸的手，告訴他我們有多愛他、多麼感謝今生能夠成為他的兒女。

不僅爸爸臉上露出笑容的時刻變多了，弟弟們後來也謝謝我，讓他們沒有留下遺憾，能把握時間和爸爸共享親情的溫暖美好、也學習了如何變老。甚至弟弟帶著孩子來一起照顧爸爸，回去後孩子也會主動幫他們拿拖鞋什麼的，在其他地方又一次開啟了愛的良善循環。

而這些，都是學習《廣論》與關愛教育使我增長的智慧、帶給我的生活的改變，我滿心感激。

老師曾經跟我說過：「不是他沒有錯，是我要更好的人生。」

當初聽到這句話時，我真的有種醍醐灌頂的感覺。

這麼多年來，捫心自問，我心中對於媽媽其實有很深的怨怒，覺得是她沒有當一個好媽媽，憑什麼永遠都是我低頭，就連現在我已拋下在外的事業回到臺灣，回到家來還要我先改變？

但其實，放下加害者與受害者的心理、也不是要爭誰對誰錯的問題，想活得更好的人，就會先一步去找解決問題的方法，如此而已。

老師也說過，人生的路途上，不可避免地遍地都是苦難的荊棘。與其和荊棘較勁，憑著意氣僵持糾纏，讓自己鮮血淋漓，不如學著去保護自己的這顆心。當自己能夠調適此心，外界給予的壓力、傷害、恐懼等就不再

每個人的性情養成，有他的脈絡，也有他的局限，
我只要能意識到自己為什麼覺得受傷，就有能力守護自己。

能打倒自己、影響自己，更無須想盡辦法去改變對方，或生氣、怨恨及和對方較勁。

當心變得平衡，不再因怨怒而不時往下沉淪；自己不再糾結於自己所受的苦，能夠感受到快樂，才有能力帶給他人快樂，讓雙方的生命品質都得到提升。

每當媽媽又講話曲解、冤枉我，讓我覺得心酸時，我就會回想我的初衷：我回臺灣，就是想在爸媽晚年多陪陪他們、好好照顧他們，伴他們走過人生最後這一段路。我既然不想只是重複過去的怨怒和痛苦，也讓爸爸不得安寧，我就必須用智慧，而不是用情緒來應對各種問題。

心境有了轉變以後，我開始能夠用幽默感去化解我和媽媽之間的針鋒相對，試著輕鬆地看待媽媽話中的夾槍帶棍，不再把那些話語重重地烙到自己心中。

當然也還是會有不愉快的時候，像每次弟弟要回來過年，媽媽就會要

求我要把很久沒人住的客房全部整頓一遍、家裡也要全部打掃一遍，要做到連客房裡的棉被都要洗過烘過鋪好，讓我弟回來什麼都不用做，可以舒舒服服地享受的程度。但是我只剩下右手能用，辦年貨、煮三餐、甚至年夜飯、清潔打掃等都要我來，有時會覺得自己簡直就像個女僕一樣。當負重或勞動過度，手因此疼痛不已時，更讓我十分心驚，畢竟我就只剩下這一隻手了。

從前，這就是最易心生怨怒，或者哀嘆為何同是媽媽的兒女，我卻分不到半分疼愛的時候。但有一次我向法師訴苦，法師跟我說：「不要愚忠愚孝。面對不合理的事，妳為什麼不敢說『不』？妳在恐懼、害怕什麼？」

對呀，我為什麼從來不懂得拒絕他人的要求，一直無限制地在當強者，別人拋來什麼要求我都要做到，什麼都要自己一肩挑起，而且要做到最好，挑得這麼累，常常快把自己壓垮了？

於是年前，我提早跟我弟說：「我最近整理家裡準備過年，事情真的太多了，又是搬東西又是打掃，我平常還要煮三餐，做到我每天早上都因為手痛而痛醒。你也知道我只剩下一隻手了，我不能再失去這隻手，今年年夜飯還有房間的整理，我沒辦法再一手包辦。你方便提早一點回來幫忙，或是你女兒也都大學了嘛，能請她們先回來幫個忙嗎？」

我嘗試著用在關愛教育課堂上學到的，正確地求助，也給對方時間和空間，讓他們慢慢學著接受我也有我的難處，我也需要被體諒。

我和媽媽的相處比幾十年前輕鬆多了，但我不會因為我付出很多、學了很多溝通技巧回來，就理所當然地認為「我都做到這樣了，她會很感動吧」。我學會調適這顆心，就像我學會怎樣除去路上的荊棘，可以在少點疼痛阻礙的情況下前進，但我終究沒辦法控制讓那些荊棘永遠不再長出來，人能調適的只有屬於自己的部分；我也明白，失智或各種老化症狀，比如前額葉退化等，會讓人越來越缺乏同理心或易怒，這些問題阻攔在我和媽媽之間，使我們終究不可能完全和樂融融地相處。

我知道狀況會有改變，會在漫長的時間中一點一滴變化，但我不會再抱持多餘的、不切實際的期待，幻想只要我足夠努力、付出得夠多、做得夠好，有天就會一朝翻盤，媽媽會因此幡然醒悟，會因此加倍地愛我、補償我。

因為我能夠理解每個人的性情養成，有他的脈絡，也會有他的局限；我只要能夠意識到自己為何會因為這樣、那樣的原因覺得受傷，知道我在害怕什麼、在意什麼，我就有能力可以護持這一顆心，堅定地守護自己的初衷。

老師說過：「雙眼從一個窗口看出去，是看到滿天的星辰，還是地上的泥濘，選擇權完全在自己。我選擇看什麼，我的世界裡就有什麼。」

雖然我花了好長的時間才學會抬頭望向星空，但我覺得這趟學習的旅程十分值得。當你看過浩瀚美麗的星辰，胸臆間就不會再充滿地上的泥

雙眼從一個窗口看出去，是看到滿天的星辰，還是地上的泥濘，選擇權完全在自己。我選擇看什麼，我的世界裡就有什麼。

濘，人會慢慢地輕鬆、自在許多。

我曾經覺得自己日日生活於深淵之中，但原來當我不再認為那只是個深淵，那就真的不只是深淵了。

當我想通媽媽其實也塑造了我身上很多很好的特質之後，有一天，我特地買了一束百合花回家，想要送給她。

那是我這輩子第一次送花給她，但毫不意外地，又換來她的冷言冷語：「今天又不是母親節，也不是什麼節日，妳買花幹嘛，妳就是錢多！」我深吸一口氣，調整好自己的情緒，遞出那束花，真誠地對她說：「因為我發現，是因為有妳從小到大的對待，才塑造了現在的我。我很感謝妳。」然後媽媽完全愣住了，她當場傻在那邊。

講完那些話，我的勇氣也用完了，我覺得很尷尬，於是我把花塞到她手裡，就跑到一邊。然後我看著媽媽愣愣地捧著花去找爸爸，對爸爸說：「你女兒發燒、生病了，她竟然送我花謝謝我耶。」她翻來覆去地講這句話，一面捧著那束花去找花瓶，我則和走出房間的爸爸相視一笑。

媽媽拿了花瓶、裝了水，把花很仔細地插好，放在客廳裡。我們坐在客廳看電視的時候，我對媽媽說：「這花很漂亮，就像妳一樣。」我是真的從小就覺得媽媽長得很美，但因為我們的關係緊張，從前一直沒機會對她說。

「噁心。」很有媽媽一貫風格的回答。

可是過了一會兒，媽媽又自言自語地說：「這花好香。如果天天有花，這樣也很幸福啊。」

我坐在爸媽身旁看電視，客廳裡瀰漫著淡雅的花香。我知道媽媽雖然還是很彆扭，卻已經接收到了我的心意。那天很難得地，我在家中感受到了「溫暖」，覺得這樣平淡而溫馨的相處就很好。

在我下定決心回來照顧父母時，我其實從未奢望過我和媽媽之間凍如冰山、難以逾越的天塹會有緩和的一天；我也從未奢想過，弟弟們會願意回來和我一起好好陪伴爸媽，讓爸爸在醫院的最後一段時光，能夠好好享受到親情的溫暖美好。然而這些我曾經以為的不可能，如今都化作了點點滴滴的可能。

在彼此陪伴的最後一段時光裡，能多留下那麼一個或兩個這樣的回憶，我已經很滿足了。

延伸思考

人際溝通講師、身心靈工作者　羅志仲

本文的琇茵，在母親的長期高壓管教下，能順利長大，最後還能回過頭來，與母親和解，這實在是很不容易的事。除了有琇茵自身的努力，琇茵的父親給予她的愛，很可能也是關鍵因素。父親用滿滿的愛來澆灌、滋養她，讓她的內在不虞匱乏，仍擁有豐沛的生命力。

許多人都希望在教養孩子上能與伴侶達成共識，認為這樣對孩子最好。殊不知，如果取得共識的方法，是在堅持「我對你錯」、「我的教養方式比你好」的前提下，彼此不斷爭吵、說教，那麼，帶給孩子的影響反而可能會是負面的，孩子反而學到了以爭吵、說教作為溝通方式。

無法達成共識的後果，未必如想像中嚴重。夫妻兩人的教養方式縱有不同，就算有一方無法給孩子愛，但只要有另一方能讓孩子感受到愛，即能成為孩子健康成長的資源。如果家中沒有這樣的父母，但是孩子的其他主要照顧者，如爺爺、奶奶或阿姨等等，也能給予孩子愛，孩子仍可有力量地茁壯長大。

國家圖書館出版品預行編目(CIP)資料

再一次長大／福智文化編輯室作. －初版. －臺北市：福智文化股份有限公司，2023.08
面；　公分. －（亮點；9）

ISBN 978-626-97627-0-5（平裝）

1.CST: 家庭關係 2.CST: 親子關係 3.CST: 親子溝通

544.1　　112011935

再一次長大

亮點 **009**

作　　者　福智文化編輯室
責任編輯　廖育君、廖雅雯
文字協力　王子維、江敍慈、陳聖綸、廖雅雯、蘇曇
美術設計　賀四英
排　　版　陳瑜安
印　　刷　富喬文化事業有限公司
特別感謝　羅志仲

出 版 者　福智文化股份有限公司
地　　址　105407臺北市松山區八德路三段212號9樓
電　　話　(02) 2577-0637
客服Email　serve@bwpublish.com
總 經 銷　時報文化出版企業股份有限公司
地　　址　333019桃園市龜山區萬壽路二段351號
電　　話　(02)23066600 轉 2111
出版日期　2023年8月　初版一刷
定　　價　380 元
I S B N　978-626-97627-0-5